Andrea Voß

MEIN GANZ BESONDERER PILGERWEG ZU MIR SELBST

Bewegung, Waldbaden und Pilgern gegen Krebs

Danksagung

Ein ganz besonderer Dank gilt natürlich meinen Wegbegleitern, -innen, meinen Freunden und Freundinnen und am allermeisten meiner Familie, die mich so nehmen wie ich bin. Ihr seid ein Teil davon, dass es mir heute trotz meiner Erkrankung so gut geht.

Leider habe ich in diesem Jahr mehrere ganz tolle Wegbegleiterinnen verloren. Auch für Dich liebe Gabi habe ich dieses Buch geschrieben. Ich weiß das Du von dort oben auf uns hinunter schaust. Auch den vielen anderen Frauen und Männern möchte ich eine Stimme geben, wie sie mit ihrer Erkrankung umgegangen sind. Jeder einzelne von Ihnen hat seinen eigenen Weg. Der Austausch und die Freundschaft zu Euch hat mir immer wieder Mut gemacht weiter zu machen. Ihr lebt in meinen Gedanken weiter. Ich werde Euch nie vergessen:

Gabi König schrieb mir im März 2020 und machte mir damit Mut:

Andrea ist für mich ein Mutmacher. Immer fröhlich zuversichtlich eben eine gute Freundin. Sie ist hilfsbereit immer für andere da. Lest ihre Bücher sie ist authentisch. Nebenbei ist sie für ihre Mama und ihren Bruder da, die beide sehr krank sind. Sie ist nicht nur Bloggerin, sondern setzt auch alles was sie schreibt in die Tat um, Sie hätte es sowas von verdient, als Mut Macherin nominiert zu werden.

Impressum

Bibliografische Information der Deutschen Nationalbibliothek: Die Deutsche Nationalbibliothek verzeichnet diese Publikation in der Deutschen Nationalbibliografie; detaillierte bibliografische Daten sind im Internet über dnb.d-nb.de abrufbar.

TWENTYSIX
Eine Marke der Books on Demand GmbH

Herstellung und Verlag:
BoD – Books on Demand, Norderstedt

ISBN: 978-3-7407-8430-0

1. Auflage

MEIN LEBEN MIT BRUSTKREBS UND WIE ICH DAS POSITIVE DENKEN ERLERNTE TEIL 3: MEIN GANZ BESONDERER PILGERWEG ZU MIR SELBST

Jeder lebt weiter in anderer Leute Kopf. Jeder hat sein Lebenswerk, einen Nachlass. Ein Haus, ein Baum, ein Buch, ein Gemälde, ein Kind. Es ist übrigens hilfreich, sich zu Lebzeiten bewusst zu machen, welche Spuren man hinterlassen will.

Ich wünsche allen meinen Lesern viel Spaß beim Lesen. Ich freue mich schon sehr auf Ihre Rückmeldungen.

Andrea Voß im Juni 2021

Pilgern gegen Krebs, mein ganz besonderer Weg zu mir selbst

Viele Wege führen nach Rom, sagt man. Und noch viel mehr Wege führen nach Santiago de Compostela: Pilgerwege. Aber man muss gar nicht nach Spanien, um sich auf den Jakobsweg zu machen, man kann auch in Brandenburg bleiben, denn ein Teilstück des Camino verbindet Frankfurt (Oder) und Berlin. Auf diesen Weg machte ich mich Anfang Mai 2019. Ich schloss mich einer Gruppe von zwölf Leuten an, die wie ich eine schwere Krebserkrankung durchgemacht hatten. Gemeinsam wollten wir auf der siebentägigen Wanderung Erfahrungen austauschen aber auch neue Kraft schöpfen und vielleicht auch über die eigenen Leistungs-grenzen hinausgehen. Und tatsächlich – mit jedem Tag spürte ich mehr und mehr längst vergessene Energie in mir erwachen.

1.Tag: Marienkirche Frankfurt bis Sieversdorf

Am Sonnabend, den 11.05.2019 fuhren wir gemeinsam mit Gabi, eine Freundin, die ich beim Sport im Rehazentrum beim Sport zum Leben kennen gelernt habe mit dem Auto in die Stadt Frankfurt Oder. Während der Fahrt dorthin, tauschten wir uns beide darüber aus, ob wir auch an alles gedacht haben. Während des Gesprächs stellten wir fest, dass wir eindeutig zu viel Gewicht in unseren Rucksäcken mithatten. Im Januar hatte es ja ein Kennenlerntreffen in Berlin gegeben. An dem Kennenlerntag bekamen wir auch eine Packliste für unseren Rucksack mit. Ein Trainingsplan zur Vorbereitung auf die Pilgerwanderung bekamen wir auch mit. Wir unterhielten uns im Auto darüber, ob wir der Pilgerwanderung auch gewachsen waren.

Nachdem wir uns dann im Hotel eingecheckt hatten, gingen wir dreie noch etwas auf Achse, um die Stadt Frankfurt Oder zu erkunden. Auch wollten wir uns die Marienkirche näher ansehen. Wir gingen dort zu Fuß hin und machten dabei gleich einen kleinen Stadtrundgang. Am Abend gingen wir dann noch in einem griechischen Restaurant essen. Es schmeckte uns prima. Wir gingen dann an der Oder zurück zum Hotel.

Ich hatte die Zimmer über Booking Como gebucht. Ich teilte mir das Zimmer mit Gabi und mein Karsten bezog ein Einzelzimmer im Dachgeschoss des Hauses.
So konnten wir noch unsere Rucksäcke nochmal checken, ob wir auch alles dabeihatten. Schließlich galt es die 7 kg nicht zu überschreiten. Gabi und ich packten die Rucksäcke ein paarmal ein und aus. Wir merkten schon, dass wir entschieden zu viel dabeihatten. Wir packten dann noch einige Sachen wieder aus, dass unsere Rucksäcke leichter wurden. Schließlich galt es ja die Etappen von ca. 20 – 24 km am Tag mit dem Rucksack auf unserem Rücken tragen mussten. Nachdem wir damit fertig waren, erzählten wir noch ganz lange. Wir waren sehr aufgeregt, was uns denn in den nächsten Tagen so erwartet. Sind wir denn solch einer Pilgerwanderung überhaupt gewachsen? Wir kicherten noch eine Weile und dann konnten wir in einen tiefen Schlaf fallen.
Am nächsten Morgen trafen wir uns zum Frühstück in dem Frühstücksraum von dem Hotel. Wir stärkten uns dann erst einmal so richtig. Bei der Gelegenheit lernten wir gleich Edith und ihre Freundin aus

Düsseldorf kennen. Edith wollte auch an dieser einwöchigen Pilgerwanderung teilnehmen. Sie war uns von Anfang an sympathisch. Sie lief dann auch gleich zu Fuß zur Marienkirche. Wir fuhren mit dem Auto zum Treffpunkt und ließen noch ein paar Sachen im Auto zurück, die wir am Abend zuvor aussortiert hatten.

Wir trafen uns auf einem Platz vor der Marienkirche in Frankfurt (Oder). Dort ist der Ausgangspunkt für diese Pilgerwanderung. Um 12. Mai um 12:00 Uhr trafen wir uns, und dort lernten wir endlich auch Annelie, die Leiterin der Gruppe, persönlich kennen. Über sie bin ich erst in einer Facebook-Gruppe aufs Pilgern aufmerksam geworden, denn sie ist schon im Vorjahr auf der Strecke, die nun vor uns lag, entlang gepilgert. Doch bevor wir starteten, bekamen wir von ihr Pilger-T-Shirts und machten ein Erinnerungsfoto.

Einige der Pilger-er und rinnen kannte ich bereits von einem Treffen im Januar, so zum Beispiel Christopfer und Manfred, der für uns den Gottesdienst in der Marienkirche hielt. Gerne erinnere ich mich an das erste Treffen mit ihnen. Noch heute bekomme ich Gänsehaut, wenn ich an meine Lesung bei der Jakobus Gesellschaft Oderregion und das anschließende Lob zurückdenke.
Ausgestattet mit Pilgerpass und dem ersten Stempel der Frankfurter Marienkirche machten sich die beiden Gruppen auf den Weg nach Berlin – eine nahm den südlichen Weg, ich selbst gehörte zur Nordgruppe, deren erstes Ziel Sieversdorf (Jacobsdorf) war.

Viele Gedanken gingen mir durch den Kopf: War ich einer solchen Wanderung auch wirklich gewachsen?

Vor uns lagen tägliche Wegstrecken zwischen 20 und 24 Kilometern – und das mit etwa sieben Kilo Gepäck auf dem Rücken.

Wir kamen etwas vom Weg ab, fanden uns aber sehr bald wieder zurecht. Am späten Nachmittag erreichten wir Sieversdorf. Unsere erste Anlaufstelle war die Orgelwerkstatt Scheffler, wo wir mit Apfelkuchen, Kaffee und Tee begrüßt wurden. Die Herberge lag direkt gegenüber und ich bezog zusammen mit Sonja aus Hamburg ein gemütliches Zimmer. Nach einer wohl verdienten Pause trafen wir uns am Abend alle im Garten, wo bereits ein Lagerfeuer brannte und wo wir mit köstlicher Spargelsuppe und selbst gebackenem Brot bewirtet wurden.

Noch lange saßen wir am Feuer beieinander und jeder erzählte, was ihn zum Pilgern animiert und welche Erwartungen wir daran hatten. Viele Geschichten berührten mich sehr, manchmal kullerten sogar einige Tränen.

Es tat gut, unter Leuten zu sein, die ein ähnliches Schicksal durchleben mussten wie ich – man kommt sich mit seiner Krebserkrankung nicht mehr so alleine vor, sagte ich den anderen. Vielleicht könne ich ja anderen Betroffenen Mut machen. Für mich war es aber auch wichtig herauszufinden, ob ich so einer Pilgerwanderung überhaupt gewachsen sei.

Der Abend war herrlich – das wunderbare Essen, die Geschichten der anderen Pilger, die Lagerfeuerromantik, das Gitarrenspiel von Orgelbauer Scheffler und die Lieder, die wir sangen:

„Wechselnde Pfade, Schatten und Licht, alles ist Gnade, fürchte dich nicht" – dieser Kanon begleitete uns auch an den folgenden Tagen.

Die Füße mit Hirschtalgsalbe behandelt, von der langen Wanderung erschöpft, aber mit vielen tollen Gedanken stellten sich die guten Träume in dieser ersten Nacht als Pilger sehr bald von alleine ein.

2.Tag: Von Sieversdorf bis nach Arensdorf
https://www.naturcamp-am-see.de

Am nächsten Morgen strahlte die Sonne durch mein Fenster auf mein Bett. Sie schien auf meine Pilgermuschel, die ich am Pilgerrucksack befestigt hatte. Mich durchströmte ein schönes Gefühl voller Vorfreude auf den heutigen Tag. Ich stand auf und schaute aus dem Fenster von meinem Zimmer und sah auf die tolle kleine Dorfkirche und auf das Wohnhaus von Familie Scheffler. Es erinnerte mich an meine Kindheit, wo ich in dem kleinen Dörfchen Vorland meine Kleinkinderjahre verbracht habe. Da konnte ich auch von meinem Fenster auf die Dorfkirche schauen. Es stellte sich bei mir ein sehr gemütliches, heimatliches Gefühl ein.
.
Das Frühstück aßen wir dann gemeinsam in Silvia Scheffler Ihrem Haus. Wir saßen hier in gemütlicher Runde. Silvia und Gabi aus unserer Gruppe hatten das Frühstück ganz liebevoll zubereitet. Es gab Obst, Gemüse, Rührei und ganz viel andere Leckereien. Das Frühstück hat uns allen sehr geschmeckt und wir

konnten genug Energie für den bevorstehenden Tag aufladen.

Ich danke den Schefflers für den tollen Aufenthalt. Bevor es von Silvia Scheffler losging, hatte Silvia noch was mit uns vor. Wir besuchten die kleine Kirche neben dem Haus und sangen gemeinsam den Pilgersegen. Und das war das schönste überhaupt...einfach Gänsehaut pur.

„Wechselnde Pfade, Schatten und Licht alles ist Gnade fürchte dich nicht."

Nach einer tränenreichen Verabschiedung von Horst, der wegen eines Hüftleidens aufhören musste, ging es dann weiter nach Ahrensdort-20 km Fußmarsch lagen vor uns.

Ich hatte gedacht, dass ich meine Schuhe gut eingelaufen hätte, aber da hat mich das Pilgern was anderes gelernt. Je länger ich ging, umso mehr taten mir die Füße weh. Jeden Abend kam eine Blase dazu.

Eine halbe Stunde gingen wir schweigend. Unseren Weg, der uns über Falkenhagen bis nach Arensdorf ins Jugendcamp, vorbei anleuchtenden gelben Rapsfeldern, Wiesen, Wäldern und kleinen Ortschaften führte. Auf einer Lichtung sahen wir sogar ein paar Hirsche und Rehe. Wir verhielten uns ruhig und beobachteten sie bewundernd.

Im Jugendcamp Arensdorf angekommen, verteilten wir uns auf die Zimmer und nahmen Schlafsäcke entgegen. Ich teilte mir das Zimmer, indem Doppelstockbetten und Matratzen lagen, mit 8 weiteren Frauen. Die Atmosphäre erinnerte ich mich an meine Kindheit, die ich oft in Ferienlagern verbracht habe.

Abends bereiteten wir uns selbst Quark und Pellkartoffeln zu. Auch die gemeinsamen Mahlzeiten eines jeden Tages waren während der Pilgerwoche etwas ganz Besonderes für mich.
Nach dem Essen besprachen wir noch einmal den Ablauf des nächsten Tages und auch gab es eine kleine Zusammenfassung von unseren Eindrücken unseres zweiten Pilgertages.

Dann kam Georg auf die Idee, uns einen Line Dance beizubringen. Da ich selbst auch eine Gute-Laune-Tänzerin bin, sprang ich natürlich gleich auf. Es machte uns allen einen riesigen Spaß.

Einige von uns legten sich aber gleich schlafen. Das war auch in Ordnung, da wir einen anstrengenden Tag hinter uns gebracht haben.

Ich konnte nicht so recht einschlafen. Es gingen mir jeden Abend viele Gedanken und die tollen Gespräche durch den Kopf.

Tag 3 Pilgern von Arensdorf bis nach Buckow 23 km

Nach dem Frühstück räumten wir unsere Rucksäcke ein und machten uns startklar für den neuen Tag.
Draußen bildeten wir einen Kreis und sangen.: Wechselnde Pfade…
Anschließend gab es eine Schweigeminute für den vor kurzem verstorbenen Thomas, dem früherem

Eigentümer des Jugendcamps, der alles mit Herzblut aufgebaut hatte. Es hat mir Gänsehaut verpasst, als ich seine Witwe dort mit Tränen in den Augen stehen sah. Ja das Schicksal kann schon sehr hart zuschlagen.

Wir verabschiedeten uns von der Camp Leiterin und gingen schweigend und unter kleinen Tränchen in den Morgen. Unser Ritual in der ersten halben Stunde eines jeden Tages.
Zu pilgern und nur den Tönen der Natur zu lauschen und alles zu fühlen und die Wiesen, Wälder und Felder zu riechen und vor allem einfach nur die schöne reine Luft einzuatmen, einfach im Hier und Jetzt zu sein. Das empfand ich ganz besonders intensiv- Ein schönes Gefühl des Glücks, der Liebe, der Hoffnung und der Freiheit in mir. Ich kann es einfach nicht beschreiben, wie toll ich mich fühlte.

Zwischendurch stimmten wir auch immer Lieder aus allen verschiedenen Genres an. Es waren Volkslieder, Schlager und z.B. auch Dona nobis pacem dabei.
Tag 4 unserer Pilgerwanderung von der Jugendherberge Buckow zum Sport- und Erholungszentrum in Strausberg

Überraschung im „gelben Meer"

Am Morgen nehmen wir die nächsten 24 km in Angriff. Alle sind ausgeschlafen, gesättigt und die Jugendherbere Buckow mit ihren kleinen einzelnen Bungalows mitten im Wald werden wir in guter Erinnerung behalten.

Morgenrunde, singen, Schweigeminute und los geht's. Schweigend. Wie jeden Morgen. Die ersten 60 Minuten nehmen wir das angenehme „wir-Gefühl" aus der gemeinsamen Schweigeminute mit auf dem Weg. Es ist eine Wohltat so früh am Morgen einfach miteinander zu laufen Nebeneinander, hintereinander und doch miteinander. Jeder ist mit seinen eigenen Gedanken beschäftigt.

Wir sind am Vortag ein wenig vom Jakobsweg abgekommen, um zur Herberge zu gelangen. Dafür gibt es heute einen wunderschönen Weg durch viel Wald zurück zum Jakobsweg. Die Landschaft ist wieder sehr schön und das ist nicht nur dem schönen warmen Sonnenschein geschuldet.

Unsere erste wohlverdiente Rast wollen wir in einer schönen Senke machen und es liegen reichlich Baumstämme zum Niederlassen am Wegesrand. Doch leider ist um uns herum ein echtes Feuchtgebiet und die vielen Mücken haben noch nicht gefrühstückt! Also müssen wir noch ein paar hundert Meter durchhalten, aus dem Wald raus gehen, um dort ein idyllisches Plätzchen zu finden. Im Rücken der Wald und vor uns ein gelbes weites Meer Ein riesiges Rapsfeld liegt vor uns. Berauschend für die Augen und berauschend für die Nase. Und plötzlich sind Sie da. Wir trauen unseren Augen kaum. Eine ganze Herde. Sind es Rehe, Hirsche, Wild, ich weiß es nicht. Sie springen durch den Raps und überqueren unseren Weg nur ein paar Meter von uns entfernt. Großartig! Was für ein Schauspiel!

Der heutige Weg bringt uns noch an einer Pyramide in Garzau vorbei und dann einen sehr langen asphaltreichen Rest weg bis zur heutigen Herberge in Strausberg. Manche haben mit den schmerzenden Blasen gekämpft und manche haben die letzten Meter über das riesige Gelände der Sportstätte verflucht, aber alle sind angekommen.

Zur Versöhnung gibt es erstens sehr gute Beten und vor allem einen Grillabend, bei der keine Wünsche offenblieben.

Buen Apetito!

5.Tag Strausberg – Werneuchen

Schmerzende Füße – müde Beine – gute Stimmung

Es liegt wieder eine lange Laufstrecke vor uns. 25 km! Die Blasen an den Füßen und die müden Beine lassen die ganze Gruppe nach einem etwas gezügeltem Tempo und nach mehr Pausen verlangen. Also gibt es den ersten Stopp in der City von Strausberg: Bäckerei, Lebensmittelladen (der Vorrat an Chicorée wird geplündert) bewölkte Himmel rückt immer näher...

Bis hierher war uns das Wetter wirklich hold, aber jetzt hat es uns dann doch einmal erwischt. Es fing tatsächlich an zu regnen und plötzlich ist man froh, dass man die ganze Zeit das Regenzeug mit sich rumschleppt!! Wir sind aber in die richtige Richtung gelaufen, denn nach 30 Minuten war der kleine Regenguss schon wieder zu Ende. Die Sonne kam wieder raus und auf dem letzten Stück vor

Werneuchen kam uns Martin D. entgegen. Was für eine schöne Begegnung!!

Martin ist ein sehr erfahrener Pilger und ist in der Jakobsgesellschaft aktiv. Wir hatten ihn vorher schon durch Zufall am ersten Tag in Frankfurt/ Oder getroffen und da er hier in der Nähe wohnt uns für heute wieder verabredet. Die eine Hälfte von uns hat er häppchenweise in seinem kleinen Auto die letzten Kilometer in unsere Unterkunft gefahren!! Die andere Hälfte ist wacker bis zum Bahnhof gelaufen, um dann den Bus zum Gasthof außerhalb von Werneuchen zu fahren. Der Busfahrer hat uns alle für die eine Station umsonst mitfahren lassen!!

Der Gasthof ist sehr klein und wir haben alle Zimmer belegt! Heute war unser letzter Abend in kleiner vertrauter Runde. Nach dem sehr speziellen Abendessen „a la carte" haben wir einen Stuhlkreis in dem Restaurant gebildet und den üblichen Strecken- und Tagesrückblick gemacht. Danach hat Anni darum gebeten, dass jeder ein paar offene Worte über die letzten Tage an sie und Petra richtet. Wir sind offen für jede Art von Kritik und Vorschläge.

Das war eine sehr schöne und intensive Runde und wir haben für nächstes Jahr gute Anregungen bekommen! Danke! Ihr seid alle tolle Menschen und ihr seid in den fünf Tagen eine wirklich tolle gemeinschaftliche Gruppe geworden!

Buen Camino!

6. Tag Werneuchen – Bernau bzw. Berlin Jugendherberge Ostkreuz

Die Zivilisation hat uns wieder

Nachdem Anni und Petra noch die lustigste Blasenversorgung aller Zeiten bei mir gemacht haben (es war gar nicht die Blase, die so riesengroß war unter dem Fuß, sondern das alte Blasenpflaster…hahaha!!!), sind wir nach einem spartanischen Frühstück und einer kurzen Busfahrt wieder am Bahnhof in Werneuchen angekommen.

Nach unserem rituellen Morgenkreis in einem nahen gelegenen Park starteten.
Schritt um Schritt geht es weiter und die Füße tragen uns immer näher ans Ziel. Heute wird es die wunderschöne Eisdiele an der Ecke. Endlich, sitzen, entspannen und das kühle Eis oder Getränk oder beides genießen!! Alle sind happy, die heutigen Kilometer hinter sich gebracht zu haben!

Jetzt gingen wir unsere letzte Etappe durch die Natur. 19 km bis Bernau! Die Sonne kommt irgendwann auch wieder raus und mit jeder Stunde, die vergeht wird es heißer Es ist mühsam und dennoch schön

Der stetige Wechsel zwischen Wald und Feld und Wiese und kleinen Dörfern ist eine Wohltat für die Sinne. Bei allen kleinen und großen Pausen werden die Füße von den Wanderschuhen befreit, gelüftet, massiert, gecremt und es wird ihnen gut zugeredet: bald ist es geschafft!

Je länger wir gehen umso mehr merkt man, dass die Großstadt näher rückt. Flugzeuge am Himmel, der Verkehr nimmt zu und die Ortschaften werden auch größer. Plötzlich endet der Jakobsweg an einer Wohnsiedlung, die es letztes Jahr dort noch nicht gab. Aber anhand unserer Orientierung und mit Hilfe unserer Karte finden wir wieder schnell die gelben Pfeile.

Nach der Stärkung geht es zum Bahnhof und dann sitzen wir in der S-Bahn Richtung Berlin. Voll mit Menschen. Es ist komisch nicht mehr für uns zu sein. Uns nicht mehr in der schönen Natur zu befinden, sondern wieder in dem Großstadtdschungel anzukommen. So sitzen wir im vollen Zug, bemüht uns nicht aus den Augen zu verlieren, um und dann nach einer dreiviertel Stunde in Berlin Ostkreuz Richtung Jugendherberge zu bewegen.

Die Herberge ist riesig und sehr gut organisiert! Wir haben tolle Zimmer, können das Abendessen etwas nach hinten verschieben, damit gut Zeit. für alle bleibt zum Duschen und kurzem Ausruhen. Ein schönes Bett in das ich mich gerne plumpsen lasse, um mir eine halbe Stunde Tiefschlaf zu gönnen!

Es wird ein gemütlicher Abend, aber kein später. Ich glaube, dass sich alle auf morgen freuen und alle noch nicht so genau wissen was nach dieser doch sehr intensiven Zeit auf sie zu Hause wartet. Mit jedem von uns hat diese Woche etwas gemacht, sie hat etwas bewegt, etwas angestoßen.
Sicherlich für jeden von uns etwas anderes. Ich freue mich auf morgen, nicht weil es dann zu Ende ist,

sondern weil es der runde Abschluss von etwas sehr Schönem wird.

Buenas noches!!

7. Tag: Berlin Jugendherberge Ostkreuz – Berlin Alexanderplatz, Marienkirche – Berlin Brandenburger Tor

Wir werden heute gemeinsam mit der Südgruppe zum Brandenburger Tor laufen. Ich bin schon ziemlich aufgeregt. Ich bin so stolz und glücklich zugleich, dass ich die Pilgerwanderung jetzt fast geschafft habe.

Hand in Hand

Es ist so weit, die letzte Etappe beginnt und wir starten am Morgen wie immer. Doch nun geht es nicht durch Felder und Wiesen, sondern durch ein sehr volles, lautes und touristisches Berlin…es ist fast schon schwer die Gruppe für die nächsten 8 km in Schwung zu halten, da es an jeder Ecke irgendwelche Ablenkungen gibt. Doch wir widerstehen allen Versuchungen des Verweilens, um zügig durch die Straßen zu ziehen und pünktlich am Alexanderplatz einzutreffen. Die Sonne ist auch heute wieder unsere treue Begleiterin und heizt die Stadt ganz schön auf.

Am Alexanderplatz erweitert sich die Gruppe sehr, da viele Menschen dem Aufruf gefolgt sind uns die letzten Kilometer bis zum Brandenburger Tor zu begleiten. Auch ich darf mein Schatz Karsten begrüßen! Es war eine riesige Überraschung, als er auf einmal in der Marienkirche hinter mir stand und mich in die Arme nahm. Ich habe gleich ein

Gänsehaut- und Glücksgefühl bekommen. Es ist durch die Bank ein glückliches Hallo.

Ich selbst empfinde dort am Alex Vorfreude auf den Moment des Ankommens und gleichzeitig möchte ich eigentlich gar nicht stehen bleiben und meine Pilgerausrüstung wieder für den Alltag zur Seite legen. Ich gehe in die Kirche, um einen Moment bei mir selbst anzukommen und entzünde zwei Kerzen für meinen im letzten Jahr verstorbenen Vater und die zweite Kerze für alle 13 Mitpilgerinnen, die so tapfer ihren Weg gehen!

Es geht also weiter in großer durchmischter Gruppe und die letzten 8 km verfliegen, weil es sich so viel zu erzählen gibt! Es wird gemeinsam pausiert, gegessen, letzte Fotos gemacht. Den letzten Kilometer geht die Gruppe vorne weg. Hand in Hand singend!

Wechselnde Pfade, Schatten und Licht, alles ist Gnade, fürchte dich nicht!

So viel Kraft und Glück und Willensstärke liegt in der Luft! Wir haben es geschafft und wir können super stolz auf uns sein! Und ich dürfte euch begleiten! Danke für alles!

Buen Camino!

Tag 8, Gedanken an die Pilgerwanderung, 12.Mai 2019

Ich bin noch ganz beeindruckt von unserem gestrigen gemeinsamen Laufen: vom Ostkreuz, über die Warschauer Brücke, entlang der Eastside Gallery, entlang der Spree, durch das Nikolaiviertel bis hin zur

Marienkirche am Alex. Dort trafen wir uns mit der Familie und Freunden und auch der Jakobus Gesellschaft zur gemeinsamen Abschlusswanderung zum Brandenburger Tor. Es war ein erhebendes, tiefgreifendes Erlebnis gemeinsam Hand in Hand am Brandenburger Tor anzukommen. Ich werde diesen Moment nie vergessen. Wir lagen uns in den Armen und die Tränen voller Glück, Dankbarkeit und Liebe flossen. Es war einfach ein schöner Moment.

Ankunft am Brandenburger Tor, es war ein wunderschöner Moment, den ich so schnell nicht vergessen werde. Gemeinsam Pilgern gegen Krebs ist eines der schönsten Erlebnisse in meinem Leben. Ich werde es nie vergessen.

Tag 10 und 11. Tai Qigong, Nachdenken über die Pilgerwanderung und meine Erkenntnisse

Heute früh stand ich schon sehr zeitig auf, duschte mich und ging zu meiner Lymphdrainage. Es tat mir sehr gut. Ich fühlte mich pudelwohl.

Am Vormittag fuhr ich dann zusammen mit meiner Nachbarin nach Altfriesack zum Tai Qigong. Wir machten dort wieder sehr tolle Übungen mit anschließender Entspannung. Als ich dann nach Hause kam traf ich auf eine nette Frau vor meiner Haustür. Wir unterhielten uns eine ganze Weile miteinander. Sie strahlte auch so viel Ruhe aus. Ich erzählte Ihr von meiner Pilgerwanderung in der vergangenen Woche. Diese Pilgerwanderung strahlt immer noch sehr auf mein Denken und Handeln aus.

Es war eine ganz tolle und intensive Woche, in der ich wieder zu mir selbst gefunden habe. Ich habe mit jedem Einzelnem aus der Gruppe ganz tolle Gespräche geführt.

Lieber Georg, Du hast mich ganz besonders beeindruckt. Hier drucke ich mal einen Ausschnitt aus einer Nachricht von Georg, kurz nach unserer Pilgertour.

Hier findet ihr noch ein Gedicht, dass der liebe Georg über die Pilgerwanderung geschrieben hat.:

Gedicht von Georg

Krebstherapie mal anders

Jakobsweg zwischen Oder & Spree

*„Ich bin dann mal weg" hörte meine Frau mich sagen,
Mit deinem Gebrechen willst du den Jakobsweg wagen?
So tat er erschrocken und weiter mir kund:
Ist doch nur für gläubige Leute, die kerngesund!*

*Wir pilgern als Gruppe und die glaubt an sich,
Dialog beendet – der Sieger war ich.
Annis Trainingsplan war dann auch nicht ohne.
Da verdienten wir uns die erste Krone.*

*Zwei Wochen sind her, ist nun Pilgern vom Tisch?
Meine Gedanken darüber sind immer noch frisch.
Hab´mich entschlossen, zu schreiben dieses Gedicht,
Weil ich immer noch spüre des Rucksacks Gewicht.*

Viel schönes, Ergreifendes geht mir nicht aus dem Sinn,
Ein paar passende Verslein sind da immer noch drin.
Ich habe Leute getroffen mit top Charakter und Mut,
Das tat meiner Seele und Hoffnung sehr gut.

In der Gruppe herrschte totale Harmonie,
Passend zu „Wechselnde Pfade." nebst Melodie.
Von ständiger Hilfsbereitschaft umgeben
Ging bei uns tags und nachts kaum was daneben.

Zum Beispiel sei hier dargestellt,
Was unser Team zusammenhält:
Als Ediths schöne Wanderstockspitze,
Geriet beim Gehen in die Gully Ritze,
Die hoffnungslos total verklemmt-
Und wehrte sich gar vehement
Ans Tageslicht zurück zu kehren,
 Wollte unser aller sich erwehren.
Doch mit unserer Einigkeit und Macht
Haben das Wunder wir vollbracht:
Annis schlanke Finger und unsere Tipps
Brachten die Spitze zu Tage – ja sowas gibt´s!

Auch gabs in der Gruppe keine Neider und Besserwisser,
Keine Polemiker und keine „Falsche-Fahnenhisser".
Bei so viel Eintracht, Einvernehmen und das und dies
Stell´ ich mir vor zu leben auf Erden – ganz wie im Paradies.

All diese Erfahrungen, Erkenntnisse und Gedanken
Habe ich im großen Maß euch, ihr Lieben, zu verdanken.

*Ich bedank´ mich für alles bei der kompletten Truppe-
Besonders bei Anni und Petra, Karli, Georg und Horst,
Andrea und Gabi Kö,
Heike und Sonja, Bianka und Hildrun Edith und Gabi 2.
Natürlich auch bei den beiden „Küken" Becky und Rike.
Geschrieben dies alles hat Andrea, die sagt immer icke.*

Buen Camino!

  Das nachfolgende Lied sangen wir zu Beginn eines jeden Tages in einem geschlossenen Kreis miteinander. Es hat mir jedes Mal Gänsehaut verpasst.

Wechselnde Pfade, Schatten und Licht, alles ist Gnade, fürchte dich nicht……..

  Ich stehe noch voll unter dem Eindruck unserer Pilgertour und beginne erst jetzt, alles zu realisieren und zu verarbeiten. Ursprünglich wollte ich die ganze Aktion auf die sportliche und psychische Herausforderung reduzieren, aber dann wurde daraus viel mehr. Den Kern der Tour bildete aus meiner Sicht der intensive und ehrliche Erfahrungsaustausch. Ich habe gelernt, wie man sich nach großen, schweren Schicksalsschlägen wieder aufrappeln kann und wie man mit angeblich ausweglosen Prognosen umgehen und oft als Sieger hervorgehen kann. Und Sieger sind wir alle, können uns doch mit bestem Gewissen auf die Schulter klopfen. Erst zum Ende ist mir die

Bedeutung dieser Tour so richtig bewusst geworden. Egal, ob mit oder ohne Glauben an Gott (an sich glauben, ist das Wichtigste), bleibt für mich diese Pilgertour als ein hervorragendes bleibendes Erlebnis und Werkzeug (Tür-Öffner) zugleich zur optimistischen und positiven Lebenseinstellung. Auch hier gilt das Motto.
Der Weg ist das Ziel.
Buen Camino!

German Cancer Survivors Day in Berlin am 6.6.2019

In der nächsten Woche am 6.Juni 2019 findet der German Cancer Survivor Day in Berlin statt.

Ich werde dort auf alle Fälle auch vorbeischauen.

Mal sehen, wen von den anderen ich dort alles wiedersehen werde. Auf alle Fälle werde ich dort Annelie Voland treffen.

Da freue ich mich ganz besonders darauf. Annelie ist unsere liebe Chefin beim Pilgern gegen Krebs Anfang Mai.

Sie wird dort zusammen mit den Bewegten Frauen aus Berlin in den Pausen im Sony Center für Auflockerung sorgen.

Begegnungen beim 5.German Cancer Survivor Day im Sony Center: links neben mir sitzt meine

Namensschwester Andrea Voß; Sie ist in diesem Jahr für die Goldene Bild der Frau nominiert. Sie setzt sich für den Heldencamper ein. Ich finde ihr soziales Arrangement super. Und rechts neben mir sitzt Annelie Voland. Annelie hat unsere Pilgergruppe im Mai geführt. Annelie ist ein super tolles Mädel, die ihr Herz am rechten Fleck hat. Sie hat vor ein paar Jahren auch ihren Vater an den Krebs verloren. Da war sie noch ein Kind. Auch ihre Mutti erkrankte an Krebs. Sie hat schon eine Menge durchgemacht. Sie zählt für mich zu den Superhelden. Ich bin ihr unendlich dankbar, dass ich diese tolle Erfahrung machen konnte.

Anfang Mai bin ich in Annelies Pilgergruppe die Nordroute des Jakobsweges in Brandenburg mitgepilgert. Es war ein tolles Gefühl mit dabei gewesen zu sein.

Außerdem habe ich die Bewegten Frauen dort getroffen. Es war ein toller Erfahrungsaustausch.

5 Jahre überlebt, es ist alles in Ordnung.

Meine Familie geht mit mir durch dick und dünn.

5 Jahre überlebt, es ist alles in Ordnung bis auf die Knochenmetastasen, die ja durch eine 1/4 jährliche Infusion behandelt werden. Außerdem nehme ich noch Tamoxifen ein. Ich kann sagen, dass es mir auch mit meiner Krankheit gut geht.

Ich bin heute bei meiner Frauenärztin gewesen. Sie hat mich gründlich untersucht und hat dabei nichts Neues entdeckt. Ich habe mich sehr gefreut, als sie mir das sagte. Sie meinte auch, dass ich eine sehr positive Art an mir habe und ich auch andere mitreißen kann. Sie findet es großartig, wie ich die letzten 5 Jahre mit meiner Erkrankung umgegangen bin. Es gab zwar immer wieder Höhen und Tiefen. Ich bin so unendlich dankbar für die letzten 5 Jahre, die mich zu der Frau gemacht haben, die ich heute bin. Ich werde mir weiter meine optimistische Art bewahren und auch das Beste aus allem zu machen.

Ich möchte mich auf diesem Wege bei allen von Euch bedanken, die die letzten 5 Jahre mit mir gemeinsam durchlebt haben. Und auch den vielen Frauen und Männern dort oben, die den Kampf gegen den Krebs verloren haben möchte ich danken. Ich vermisse Euch sehr liebe Ingrid, Leokardia, Bärbel, Rosie Rosenberger, Ariane N., Pinke Pusteblume, Benni, Bernd B., Sandra, Swenja, Sybille, Sonja und vor allem meinen lieben Papa.

Ihr habt mir alle immer wieder Mut gemacht. Ich behalte Euch alle in meinem Herzen.

Das Leben ist schön. Ich liebe das Leben und jeder Tag zählt.
Mittelalterliches Spektakel in der Plattenburg, 23.Juni 2019

Heute waren wir beim mittelalterlichen Spektakel in der Plattenburg. Gestern unternahmen wir bei herrlichem Wetter eine Cabrio Tour zur Plattenburg in der Prignitz. Die Sonne schien in vollen Zügen. Wir lieben die mittelalterliche Musik und schauen uns gerne immer die Ritterspiele an. Wir tranken ein Glas Honigmed.

Zometagabe und Arztgespräch mit Auswertung CT Thorax, 3.Juli 2019

Leider hat sich bei mir ein Pleuraerguss eingestellt. Der Arzt sagte mir das ich zwischen Rippen und der Lunge Wassereinlagerungen habe. Er wollte es gleich punktieren. Aber ich musste erst einmal alles verstehen, was er mir da so sagte.

Letrozol Winthrop Tag 1 und Wissen ist Macht! 4.Juli 2019

Heute habe ich zum ersten Mal die Letrozol eingenommen. Ab heute habe ich dann auch keine Tamoxifen mehr genommen. Die Tamoxifen habe ich jetzt genau 5 Jahre lang eingenommen. Ich habe sie eigentlich gut vertragen. Aber mein Arzt sagte, dass die Wirkung nach 5 Jahren Einnahmedauer nachlässt. Natürlich habe ich mir die Packungsbeilage von der Letrozol vorher genau durchgelesen. Da wird mir Himmel angst und bange, welche Nebenwirkungen auftreten könnten. Im Internet bin ich dann auf einige Patientinnen mit sehr guter Verträglichkeit gestoßen.

Ich habe mich sehr darüber gefreut, von einigen Frauen aus der Fortgeschrittenen Gruppe: Fortis bei Facebook zu hören, wie sie die Tablette so vertragen. Das hat mir Mut gemacht. Vielen Dank dafür. WISSEN IST MACHT

Letrozol Tag 2, Sport und eine kleine Überraschung, 5.Juli 2019

Heute bin ich schon sehr früh aufgestanden. Ich habe die letzte Nacht ganz prima geschlafen. Mir geht es super gut. Um 8:00 Uhr haben mich dann Monika und Knolly zum Rehasport abgeholt. Wir fuhren zur Alten Schwimmhalle, wo wir jeden Freitag Sport machen. Ich fahre dort immer sehr gern hin. Der Sport lenkt mich ab von meinen momentanen Sorgen und ich kann mich gut mit den anderen austauschen.

Punktion des Pleuraergusses, 8.Juli 2019

Ich bin heute schon sehr früh aufgestanden. In der letzten Nacht habe ich ziemlich schlecht geschlafen. Gleich morgens habe ich meine Ärztin in meinem Heimatdorf aufgesucht. Ich wollte einfach nochmal wissen, ob aus ihrer Sicht die Punktion notwendig ist. Sie riet mir dazu, die Punktion zu machen. Ich habe sie schon sehr oft nach ihrem Rat gefragt, wenn ich verunsichert war. Sie hat mir schon sehr oft in brenzligen Situationen weitergeholfen. Vielen Dank dafür.

Leider hatte der Arzt gestern keine Zeit für mich gefunden. Mein Arzt hatte gestern sehr schwere OPs.

Dafür widmete sich mir eine junge Assistenz-Ärztin. Sie sagte mir, dass die Punktion nun doch nicht unbedingt gemacht werden muss. Sie wollen jetzt erst einmal abwarten, wie das Letrozol bei mir wirkt. In einem 1/4 Jahr soll noch einmal ein Kontroll-CT Thorax gemacht werden.

Nun bin ich erst einmal etwas erleichtert und trotzdem gibt es diese kleine Ungewissheit in mir. Ich werde mir noch eine Zweitmeinung holen.

Fahrradtour um den Ruppiner See, 31.Juli 2019

Heute bin ich gemeinsam mit meinem Partner um den Ruppiner See gefahren.

Ich habe mich heute sehr gefreut, dass mich mein Schatz heute überrascht hat. Als er heute am späten Vormittag zu mir gesagt hat, dass wir beide ja mal wieder um den Ruppiner See mit dem Fahrrad fahren können. Wir wollten beide mal wieder testen, ob wir das Beide noch schaffen. Teilweise war ich auch ganz schön außer Atem. Aber ich merkte auch während der Fahrradtour, wie ich immer besser Luft bekam. Zuerst fuhren wir in Richtung Treskow bis nach Neuruppin entlang des Ruppiner Sees. Wir machten den ersten Halt an der Klosterkirche und tranken etwas Wasser. Dann fuhren wir weiter bis zum Café Waldfrieden, wo wir uns dann auch stärkten. Ich kann das Café Waldfrieden sehr empfehlen. Hier hat man einen herrlichen Blick auf den Ruppiner See. Dann fuhren wir weiter über Wuthenow, Gnewikow, Seehof, Karwe und Altfriesack bis zu uns nach Hause. Es tröpfelte das letzte Stück immer so ein kleiner Nieselregen auf uns ein. Ich genoss diese Luft zum Atmen in vollen Zügen. Aber ich merkte auch, dass es an einigen Stellen doch ganz schön anstrengend war. Als wir dann zu Hause ankamen, fing es etwas mehr an zu regnen. Wir machten es uns dann drinnen gemütlich.

14.September 2019 ein Bericht von Annelie

Zwischen Himmel und Teufelswasser

Ein kleiner Einblick in unsere letzte Pilgerwanderung am 01.09.2019 im Grunewald- Berlin:

Unser Weg führte uns an diesem Tag vom S Nikolassee, entlang der Havel auf dem Havelhöhenweg bis zum Grunewaldturm. Von dort ging es durch den Grunewald bis zum „Pechsee", wo wir unsere kleine Dankbarkeitsmeditation durchführten. Weiter über die Sanddünen, bis direkt in den „Waldmeister" hinein, zu einem kühlenden Bier. Trotz 32 Grad Hitze und erschwerten Bedingungen hatten wir einen wundervollen und regen Austausch von Erfahrungen, Geschichten und Erlebnissen. Ich bedanke mich an dieser Stelle bei 34!!! TeilnehmerInnen und einer Spende von 185€, welche an Gabi König und Andrea Voss ging, die sich beide seit vielen Jahren für Krebsbetroffene in der Region

Neuruppin einsetzen. Sie werden mit dieser finanziellen Unterstützung eine schöne Veranstaltung für ihre regionale Gruppe gestalten, sodass wir noch vielen weiteren krebsbetroffenen Menschen helfen können.

Liebe Annelie V., wir bedanken uns noch einmal ganz herzlich für unser gemeinsames Wochenende in Berlin und vor allem das gemeinsame Pilgern mit anderem Pilger und Pilgerinnen aus ganz Berlin und Brandenburg und Mitgliedern von der Jacobus Gesellschaft Berlin Brandenburg wie zum Beispiel: Martin D. Frank L., Christopher Fund vielen anderen Mitgliedern. Diese Wanderung hat uns ganz besonders gefallen. Vielen Dank auch für die eingesammelte Spende am Ende der Wanderung. Wir berichten Euch bald, wofür wir die Spende einsetzen werden. Viele liebe Grüße von Gabi K. und Andrea Voß.

Wir wünschen Euch allen einen wunderschönen Sonntag.

Ein Nachmittag auf der Eselbrücke, 29.September 2019

Gestern Nachmittag war es soweit. Ich folgte einer Einladung einer Freundin zum einjährigen Bestehen ihres Eselbrücke. Ich brachte ein paar Äste von der Korkenzieherweide für die 5 Eselchen mit. Für die Hausherrin brachte ich einen selbstgemachten Kartoffelsalat mit. Die Esel freuten sich sehr über meine mitgebrachten Zweige. Sie kamen gleich alle angerannt und fraßen die frischen Blätter auf. Es schmeckte ihnen köstlich.

Herbstzauber, 21.Oktober 2019

Am vergangenen Wochenende waren wir wieder einmal sehr viel in der Natur unterwegs.

Ich genieße den Herbst in vollen Zügen und liebe es durch das bunte Herbstlaub zu gehen und atme die frische Waldluft ein.

Ich liebe es, die Bäume zu umarmen. Das Waldbaden tut meiner Gesundheit sehr gut.

Der Herbst ist Balsam für meine Seele.

Ausflug nach Ribbeck ins Havelland mit dem Freundeskreis vom Brandenburg Preußen Museum, 13.Oktober 2019

Gestern sind wir zusammen mit dem Freundeskreis vom Brandenburg Preußen Museum nach Ribbeck ins Havelland gefahren. Wir nahmen auch an einer Führung durch den Ort teil. Die beiden Schauspieler machten uns sehr anschaulich klar, was der Ort für eine geschichtliche Vergangenheit hat. Man spürt hier weit und breit, was es mit dem Birnbaum und der Birne auf sich hat. Auch Fontane hat hier anschaulich seine Spuren hinterlassen. Im Schlossmuseum gibt es zurzeit eine Sonderausstellung über Theodor Fontane.

23.Oktober 2019

Besuch im Haus Wegwarte

Übergabe einer Spende für das Lumina Projekt:

Lumina bedeutet eine Trauergruppe für Kinder und Jugendliche, Hospiz macht Schule.

In den nächsten Tagen werde ich etwas ausführlicher darüber berichten.

Die Spende haben wir: Gabi König und ich bei unserer Pilgerwanderung am 1.9.2019 von den Teilnehmern erhalten.

Wir wollen diese Spende einer guten Sache zuführen.

Unser ganz besonderer Dank gilt Annelie V von Bewegung gegen Krebs und auch der Jakobus Gesellschaft.
Wir möchten uns auch ganz herzlich bei Christine W. bedanken, die uns am 22.10. im Haus Wegwarte in Neuruppin empfangen hat. Sie hat uns durch das Haus und auch durch den Garten der Erinnerung geführt. Wir waren tief berührt von dieser tollen Anlage und auch von dem Projekt Lumina.

27.Oktober 2019

Herbstwochenende mit der Familie

Wieder einmal ist das vergangene Wochenende viel zu schnell vergangen. Unsere Tochter Jenny hat uns übers Wochenende besucht. Wir haben uns sehr über die gemeinsame Zeit gefreut. Das Wetter spielte voll und ganz mit. Wir waren dann auch zusammen in den Pilzen. Wir brachten eine Menge Maronen mit nach Hause. Abends ließen wir sie uns schmecken. Eine gemeinsam gekochte Kürbissuppe rundete den ersten gemeinsamen Abend ab. Es schmeckte alles köstlich. Am Sonnabend luden wir uns noch einen Freund der Familie ein und spielten den ganzen Abend zusammen Rommé. Die Stunden vergingen wie im Fluge.

Die Familienzeit ist eines meiner schönsten Stunden. Ich liebe es möglichst viel Zeit mit meiner Familie zu verbringen. Wir genießen die Zeit mit unserer Tochter, wenn sie uns mal zu Hause besucht.

Vorbereitungen für den 31.10.2019 Einladung der Bewegte Frauen nach Neuruppin, 6.Oktober 2019

Wir, die Wandermädels von Bewegung gegen Krebs in Neuruppin, freuten uns riesig auf die Bewegte Frauen am 31.10.2019 in unserer schönen Fontanestadt Neuruppin.
Beiliegend findet Ihr den Ablaufplan vom 31.10.2019. Eventuelle kleine Änderungen zum Zeitplan kann es eventuell noch geben. Wir wünschen Euch allen eine

schöne Zeit bis dahin und eine gute Anreise. Eure Wandermädels aus Neuruppin.

1. Abfahrt mit dem **RE 6 um 9:05 Uhr** von Berlin Gesundbrunnen mit dem RE 6 in Richtung Wittenberge
2. Ankunft in Neuruppin am Rheinsberger Tor um **10:24 Uhr**.
3. Am Rheinsberger Tor werden die Bewegten Frauen von uns, den Wandermädels Bewegung gegen Krebs Neuruppin empfangen.
4. Fußmarsch an der Stadtmauer entlang bis zum Tempelgarten.
5. Der Apollotempel im Amal Thea Garten ist eng mit dem Aufenthalt des preußischen Thronfolgers Friedrich im 18.Jahrhundert verbunden und dem Schicksal der Neuruppiner Kaufmannsfamilie Gentz verbunden. Über beide hat Fontane ausführlich in den Wanderungen durch die Mark Brandenburg berichtet. Eine Ausstellung des Tempelgarten Neuruppin derzeit heißt Fontanes Pflanzen.

Anschließend ging es weiter durch die Altstadt von Neuruppin bis hin zum Fontanedenkmal und Fontaneplatz.

Das Denkmal von Theodor Fontane wurde am 8.Juni 1907 eingeweiht. Finanziert wurde es vorrangig mit Spenden seiner Verehrer aus der Mark Brandenburg. Das Denkmal zeigt den zur Rast nieder gesetzten Dichter mit dem Stift in der Hand. Hier legen wir auch eine kleine Fotopause ein.

Wanderung durch die Altstadt von Neuruppin, vorbei am Brasch Platz in Richtung Schulplatz. Auf dem Schulplatz befindet sich das Alte Gymnasium von Theodor Fontane. Das Gebäude im Zentrum der Stadt wurde nach Plänen von Berson und Brasch 1789/1790 errichtet. Die Inschrift unter dem Giebelfeld mit Chronos und zwei Putten CIVIBUS AEVI FUTURI „Den Bürgern der künftigen Zeit".

Auf dem Schulplatz befindet sich außerdem noch das Denkmal von Friedrich Wilhelm II. Der Schulplatz erfuhr 1997 eine völlige Umgestaltung. Hier finden der Wochenmarkt und der traditionelle Martinimarkt im November und viele andere Ereignisse statt.

Besuch im neuen Geschäft "Herr Fontane", indem es viele Andenken, Bücher, Regionales und andere schöne Dinge des täglichen Lebens gibt.

Ein Schaufenster der Region: www.neuruppin.net
Der Laden wurde gegründet durch Kristina Hannaleck, eine Jungunternehmerin aus Neuruppin. Ihre Mutti kenne ich aus unserer Krebssportgruppe.

Weiter geht es zur Karl-Marx-Straße 84 – Löwenapotheke dem Fontanehaus:

Die Löwenapotheke wurde 1819 von Louis Henry Fontane und seiner Ehefrau Emilie, geb. Labry bezogen. Am 30.Dezember 1819 wurde ihr erster Sohn Theodor geboren.
Weiter geht es entlang der Karl-Marx-Straße bis zur Pfarrkirche. St. Marien, auch Kulturkirche genannt.

Nach Plänen des Geheimen Oberbaurates Philipp Bernard Francois Berson wurde die Pfarrkirche in den Jahren 1801-06 errichtet.

Weiter geht es vorbei am Karl-Friedrich Schinkel Denkmal durch die Fischbänkenstraße vorbei am Predigerwitwenhaus.
Nach der Trennung der Eltern kehrte Mutter Fontane mit der 16-jährigen Tochter Elise 1854 zurück nach Neuruppin und zog ins Predigerwitwenhaus, in dem 60 Jahre zuvor die Witwe von Schinkel mit den Kindern wohnte. Während der Arbeiten am Ersten Band der „Wanderungen…" war er dort häufig zu Gast.

Dann geht es durch die Siechenstrasse vorbei an der Siechenkapelle und das Uphus.

In der romantischen Siechenstraße befindet sich das mittelalterliche Siechenhospital mit Siechenkapelle und Uphus.

Dann gehen wir gemeinsam bis zum Klosterhof, indem wir unser Mittagessen einnehmen. **Ankunft im Klosterhof ca. 13:00 Uhr**
Das Mittagessen wird in etwa pro Person ca. 14 € kosten. Wenn wir uns dort gestärkt haben, wird es dort einen kleinen Film über die Stadt Neuruppin geben.

Spaziergang vorbei an der Klosterkirche St. Trinitas Die Kirche des Dominikanerklosters zählt zu den steinernen Zeugen der unmittelbaren Zeit nach der Stadtgründung von Neuruppin. Die früheste gesicherte Niederlassung des Dominikaner Ordens in der Mark Brandenburg wurde von Gebhard von Arnstein, Graf von Lindow und Herr zu Ruppin, 1246 gestiftet. Sein Bruder, der Gelehrte Pater Wichmann wurde erster Prior des Klosters und leitete seinen Aufbau.

Spaziergang entlang der Seepromenade vorbei an dem Parzival

Umspült vom Wellenschlag des Ruppiner Sees erhebt sich weithin sichtbar der 16 m hohe und 5,5 t schwere Edelstahlkörper „Parzival" von Mathias Zagon Hohlstein. Auf der Suche nach dem Sinn des Seins….

Zeit zur freien Verfügung
Treffpunkt am Fontanehotel um ca. 15:45 Uhr Spaziergang entlang der Stadtmauer bis hin zum Rheinsberger Tor, Verabschiedung von den Bewegten Frauen

Abfahrt um 16:30 Uhr in Richtung Berlin Gesundbrunnen.
Falls die Zeit zu knapp wird, kann auch ein Zug später gefahren werden: Abfahrt um 17:30 Uhr.

Es wird uns während des Tages ein Kamerateam unter der Leitung von Stephan Pregizer begleiten. Er möchte einen kleinen Film über die Bewegten Frauen drehen und ein paar Interviews durchführen.

Besuch von den Bewegte Frauen in Neuruppin, 3.November 2019

Am 31.10.2019 war es dann endlich soweit. Es besuchten uns die Bewegte Frauen: eine Selbsthilfe Gruppe aus Berlin in der Fontanestadt Neuruppin.

Wir begrüßten die Bewegte Frauen am Rheinsberger Tor mit einem selbstgemalten Schild von Gabis Enkelin. Vielen lieben Dank, das Schild war so liebevoll gemalt. Als der Zug dann in den Bahnhof einrollte, waren wir schon ganz aufgeregt. Die Spannung stieg und mein Herz begann zu klopfen. Aber als ich die Frauen aus dem Zug aussteigen sagen, wurde ich plötzlich ganz ruhig und freute mich über ihr Ankommen.

Ich habe einen Text von Theodor Fontane gestern zur Begrüßung der Bewegte Frauen spontan umgedichtet zur Begrüßung der Bewegten Frauen.:

> „An einem Herbstmorgen
> Da nimm den Wanderstab
> Es fallen deine Sorgen
> wie Nebel von dir ab
> Des Himmels Bläue
> lacht dir ins Herz hinein,
> und schließt, wie Gottes Treue
> mit seinem Dach dich ein.
>
> Wir, die Wandermädels aus Neuruppin, begrüßen euch und haben viel tolles mit euch im Sinn.
> Wir wollen euch heute unsere schöne Fontanestadt Neuruppin zeigen.
> Und ihr alle reiht euch ein in unserem Reigen

Wir wandern heute auf den Spuren von Theodor Fontane.
Ihn würde es freuen, wenn er es hier „ahne"!

Wir besuchten an diesem Tag alle gemeinsam den Laden Herr Theodor auf dem Schulplatz und kauften uns ein paar schöne Andenken. Wir bedanken uns ganz herzlich bei Kristina H., die uns diesen Besuch des Ladens, trotz des Reformationstages ermöglicht hat.

Liebe Bewegte Frauen, Vielen Dank für Euer Gastgeschenk. Ich habe mich sehr darüber gefreut. Ich möchte mich auch ganz herzlich bei Kristina H.

von neuruppin.net, die ihren Laden Theodor für uns extra geöffnet hat. Eines ist bestimmt heute schon klar. Wir kommen wieder. Vielen lieben Dank auch an Gabi, sie hat für die Bewegte Frauen ein Gastgeschenk an alle Frauen von der Selbsthilfegruppe übergeben. Die Bewegte Frauen haben sich sehr darüber gefreut.

Meine ganz persönliche Erinnerung an den 9.November 1989, den Mauerfall, 9.November 2019

Heute ist ein richtiger Grund zum Feiern: vor 30 Jahren fiel die Mauer

Ich bin heute immer noch froh, dass die Mauer am 8.November 1989 gefallen ist.

Ich konnte es damals nicht glauben, als ich das im Fernsehen am Abend des 9.Novembers verfolgte. In diesem Moment bin ich gerade allein zu Hause gewesen. Da meine Eltern damals noch im Nachbarhaus wohnten, ging ich zu ihnen rüber und machte ihnen die erfreuliche Mitteilung. Sie konnten es auch gar nicht glauben. Wir stoßen dann sofort mit einer Flasche Sekt an und verfolgten bis spät in die Nacht hinein, die Mitteilungen im Fernsehen.

Ich konnte in der Nacht zum 10.November 1989 überhaupt nicht einschlafen, so viele Sachen gingen mir durch den Kopf.

In meinem zweiten Buch:

Mein Leben mit Brustkrebs und wie ich das positive Denken erlernte Teil 2, für Euch zum Nachlesen:

Im September 1986 begann ich dann ein Studium an der Fachhochschule Wildau zum Techniker für Maschinenkonstruktion. Die Studienzeit in Wildau hat mir auch ganz prima gefallen. Ich lernte hier eine Menge für mein weiteres Leben. Ich kostete das Studentenleben natürlich voll aus. Zu einigen Kommilitonen und Kommilitoninnen habe ich heute noch sehr guten Kontrakt. Als ich dann meinen Technikerabschluss in der Tasche hatte, habe ich noch so ca. 2 Jahre im Konstruktionsbüro der EPW gearbeitet. Dann ereignete sich die Wende und die

Betriebe wurden abgewickelt und wir wurden alle in Kurzarbeit mit 0 Stunden geschickt. Es war ein riesiger Einschnitt in unser aller Leben.

Immer wieder war der 9.November ein bedeutsamer Tag und Wendepunkt der Geschichte für die Deutschen mit guten wie schlechten Seiten.

Ich freute mich natürlich sehr, dass die Mauer im Jahre 1989 gefallen ist. Ich hätte es nie für möglich gehalten, dass es einmal wieder ein einheitliches Deutschland gibt. Ich hatte damals Tränen der Freude im Gesicht, als ich am 9.11.1989 die Nachrichten im Radio und im Fernsehen gesehen hatte. Es waren einfach unfassbare Glücksgefühle in mir, die man gar nicht beschreiben kann. Ich konnte es gar nicht glauben.

Wie oft bin ich mit der S-Bahn und U-Bahn während meiner Studienzeit an Westberlin vorbeigefahren und habe dort schon immer gedacht, dass es schön wäre dort rüber fliegen zu können. Ein Traum wurde war.

Ich bin heute noch froh, dass es bei dem Mauerfall so friedlich zugegangen ist. Mir kommen heute noch die Tränen und so ein komisches Bauchgefühl, wenn ich an diese bewegende Zeit denke. Die Freude darüber war so riesengroß. Alle fielen sich in die Arme.

Fast 30 Jahre später stehe ich friedlich am Brandenburger Tor zusammen mit vielen tollen

Menschen aus Ost und West. Ich bin zusammen mit 13 weiteren Personen die Nordroute des Brandenburger Jakobsweg gelaufen. Es hat mir so gutgetan und auch wie friedlich und froh wir alle miteinander umgegangen sind. Das wäre vor 30 Jahren nicht möglich gewesen.

Nachdenken über die Zeit vor dem 9.November 1989 Friedliche Montagsdemos in Neuruppin, 5.November 2019

Als ich am 31.10.2019 durch die Stadt mit den Bewegten Frauen aus Berlin gelaufen bin und ihnen die Sehenswürdigkeiten der Stadt Neuruppin näherbringen wollte, bin ich auf ein Gedenkschild an der Klosterkirche gestoßen. Auf diesem Schild stand folgender Text:
  Im Herbst 1989 war die Klosterkirche der Ort, an dem die Friedensgebete stattfanden. Sie bot Schutzraum für Menschen, die die Bevormundung durch den sozialistischen Staat und die Erstarrung der Gesellschaft nicht länger hinnehmen wollten. Die Fürbitten des Friedensgebetes sprachen öffentlich aus, was die Menschen so lange bedrückt hat. Hier fanden sie den Mut zu friedlichen Demonstrationen und Protesten. Unter deren Dach gründete sich das Neuruppiner Neue Forum.

Ich kann mich sehr gut an die Zeit vor dem 9.November 1989 erinnern. Ich bin auch zusammen mit meiner Arbeitskolleginnen Ines, Birgit und noch vielen anderen jeden Montag in die Klosterkirche gegangen. Wir zündeten dort Kerzen hat. Die Kirche war immer gerammelt voll und wir lauschten den Worten der Friedensgebete.

Diese Erinnerung kam neulich wieder in mir hoch. Ich dachte so, dass es jetzt wirklich schon 30 Jahre her ist, wo wir jeden Montag zur friedlichen Demonstration mit einer Kerze in der Hand gegangen sind.

Es war damals eine unglaubliche Zeit des Aufbruchs. Aber ich hatte natürlich auch Angst zugleich, dass auch immer alles friedlich bleibt. Fasst an jedem Abend stellte ich mir auch eine Kerze in mein Fenster zu Hause. Ich dachte über die vielen Menschen dort in der Kirche nach und wer von ihnen eventuell zum Aufpassen da war. Wie z.B. Bereitschaftspolizei oder Stasileute. Sie waren mitten unter uns. Es verpasst mir heute noch Gänsehaut, wenn ich an diese Zeit zurückdenke.

An einem Montag lud mich auch ein junger Mann aus der Gransee er Ecke in die Gethsemanikirche ein. Er wollte dort mit mir gucken fahren, wie dort die Montagsdemos so sind. Ich war ziemlich aufgeregt, dass wir nach Berlin fuhren. Heute 30 Jahre später denke ich sehr oft an diese Tage und Ereignisse zurück und auch das ich den jungen Mann aus der Gransee er Ecke nie wiedergesehen habe. Ich denke heute, dass er vielleicht auch ein Mitglied von der Staatssicherheit war. Er hat mich wahrscheinlich nur zu seiner Tarnung mit nach Berlin genommen.

Die evangelische Gethsemanekirche ist eine Kirche im Berliner Bezirk Pankow und steht im Helmholtzkiez des Ortsteils Prenzlauer Berg. Sie wurde 1891-1893 nach Plänen von August Orth erbaut und verdankt ihre Bedeutung nicht zuletzt ihrer Rolle während der friedlichen Revolution in der DDR im Herbst 1989. Sie ist im 21.Jahrhundert eine von drei von der Evangelischen Kirchengemeinde Prenzlauer Berg Nord im Kirchenkreis Berlin Stadtmitte genutzten Kirchen sowie eine von vier Predigtstätten.

Auch am 31.10.2019 war so als wären die ganzen Ereignisse erst gestern passiert.

Auch die Frauen aus Berlin haben die Wendezeit ganz intensiv erlebt. Einige von ihnen hatte allerdings gar nicht so viel davon mitbekommen. Sie waren damals vor 30 Jahren noch zu jung.

Ich selbst war 1989 25 Jahre alt. Deshalb werde ich diese intensive Zeit in meinem Leben auch nicht wieder vergessen.

Ich war jung und glücklich, als die Mauer dann am 9.11.1989 fiel. Und vor allem, dass es eine so friedliche Revolution war.

Tage im November, Russendisco im Hangar, 3.November 2019, Besuch von den Bewegte Frauen in Neuruppin

Auf dem Foto bin ich zusammen mit Katrin Voland von den Bewegte Frauen, Stephan Pregizer hat die Bewegte Frauen an diesem Tag mit einer Kamera und Interviews begleitet.

Am 31.10.2019 war es endlich soweit. Es besuchten uns die Bewegte Frauen aus Berlin in der Fontanestadt Neuruppin.

Wir begrüßten die Bewegte Frauen am Rheinsberger Tor mit einem selbstgemalten Schild von Gabis Enkelin. Vielen lieben Dank, das Schild war so liebevoll gemalt.

Ich habe einen Text von Theodor Fontane gestern zur Begrüßung der Bewegte Frauen spontan umgedichtet zur Begrüßung der Bewegten Frauen.:

Heute ist ein richtiger Grund zum Feiern: vor 30 Jahren fiel die Mauer

Ich bin heute immer noch froh, dass die Mauer am 8.November 1989 gefallen ist.

Ich konnte es damals nicht glauben, als ich das im Fernsehen am Abend des 9.Novembers verfolgte. In diesem Moment bin ich gerade allein zu Hause gewesen. Da meine Eltern damals noch im Nachbarhaus wohnten, ging ich zu ihnen rüber und machte ihnen die erfreuliche Mitteilung. Sie konnten es auch gar nicht glauben. Wir stoßen dann sofort mit einer Flasche Sekt an und verfolgten bis spät in die Nacht hinein, die Mitteilungen im Fernsehen.

Ich konnte in der Nacht zum 10.November 1989 überhaupt nicht einschlafen, so viele Sachen gingen mir durch den Kopf.

Mein Leben mit Brustkrebs und wie ich das positive Denken erlernte Teil 2, für Euch zum Nachlesen:

Im September 1986 begann ich dann ein Studium an der Fachhochschule Wildau zum Techniker für Maschinenkonstruktion. Die Studienzeit in Wildau hat mir auch ganz prima gefallen. Ich lernte hier eine Menge für mein weiteres Leben. Ich kostete das Studentenleben natürlich voll aus. Zu einigen Kommilitonen und Kommilitoninnen habe ich heute noch sehr guten Kontract. Als ich dann meinen Technikerabschluss in der Tasche hatte, habe ich noch so ca. 2 Jahre im Konstruktionsbüro der EPW gearbeitet. Dann ereignete sich die Wende und die Betriebe wurden abgewickelt und wir wurden alle in Kurzarbeit mit 0 Stunden geschickt. Es war ein riesiger Einschnitt in unser aller Leben.

Immer wieder war der 9.November ein bedeutsamer Tag und Wendepunkt der Geschichte für die Deutschen mit guten wie schlechten Seiten.

Ich freute mich natürlich sehr, dass die Mauer im Jahre 1989 gefallen ist. Ich hätte es nie für möglich gehalten, dass es einmal wieder ein einheitliches Deutschland gibt. Ich hatte damals Tränen der Freude im Gesicht, als ich am 9.11.1989 die Nachrichten im Radio und im Fernsehen gesehen hatte. Es waren einfach unfassbare Glücksgefühle in mir, die man gar nicht beschreiben kann. Ich konnte es gar nicht glauben.

Wie oft bin ich mit der S-Bahn und U-Bahn während meiner Studienzeit an Westberlin vorbeigefahren und habe dort schon immer gedacht, dass es schön wäre dort rüber fliegen zu können. Ein Traum wurde war.

Ich bin heute noch froh, dass es bei dem Mauerfall so friedlich zugegangen ist. Mir kommen heute noch die Tränen und so ein komisches Bauchgefühl, wenn ich an diese bewegende Zeit denke. Die Freude darüber war so riesengroß. Alle fielen sich in die Arme.

Fast 30 Jahre später stehe ich friedlich am Brandenburger Tor zusammen mit vielen tollen Menschen aus Ost und West. Ich bin zusammen mit

13 weiteren Personen die Nordroute des Brandenburger Jacobs weggelaufen. Es hat mir so gutgetan und auch wie friedlich und froh wir alle miteinander umgegangen sind. Das wäre vor 30 Jahren nicht möglich gewesen.

17.November 2019

Ich freue mich riesig darüber, dass ich Euch heute mitteilen kann, dass ich nun auf der www.neuruppin.net Seite zu finden bin. Kristina H. hat diesen Eintrag für mich realisiert. Vielen lieben Dank dafür.
Allen meinen Lesern und Leserinnen wünsche ich einen schönen Sonntag

20.November 2019

Ausstellung in der Richterakademie

Heute Nachmittag habe ich die derzeitige Ausstellung in der Richterakademie in Wustrau besucht. Es hat mir sehr gut gefallen.

Dort werden zurzeit viele tolle Bilder ausgestellt. Alle Malereien haben sehr meine Phantasie angeregt.

Als ich in eines der Ausstellungsräume hineinkam, traf ich auf Dagmar Th., eine von den beiden Malerinnen. Ihre Bilder haben es mir besonders angetan. Da steckt sehr viel Phantasie in jedem einzelnen Bild.

Auch die anderen Bilder von Birgit T. haben mir sehr gut gefallen.

Ich stehe hier im Pavillon. Die Deutsche Richterakademie ist früher einmal unsere Schule gewesen. Bis zur 7.Klasse bin ich hier regelmäßig hingegangen.

Dann wurde eine neue Schule am Weinbergweg, die Grüne Schule gebaut. Von 1977 bis 1980 bin ich dort bis zur 10.Klasse gewesen.

23.November Zu Gast beim 14.Lichterworkshop in Neuruppin

Gestern bin ich zu Gast beim 14internationalen Lichterworkshop in der Fontanestadt Neuruppin gewesen. Die Beleuchtung und Lichteffekte am Fontanedenkmal haben wir ganz besonders gut gefallen. Da ahnte noch niemand, dass uns Ende 2019 eine Coronapandemie bevorsteht. Deshalb finde ich die nachfolgenden Fragen ganz besonders interessant.

Auf einem beleuchteten Schild stand folgendes geschrieben:

„**Zukunft**: Was macht dich in Zukunft glücklicher?

Wie wird nächstes Weihnachten?

Woran wirst du an dem Tag denken an dem dich deine wichtigsten Menschen verlassen?

Was meinst du, wie wirst du sterben?

Was hinterlässt du nach deinem Tod?

Warum tust du nicht was du willst?

Was meinst du wie die Welt enden wird?

Würdest du gerne eine Sicherheitskopie von deiner Person auf einem Stick haben?

Vergangenheit:

Was war dein Lieblingsspielzeug?

zündeten wir in der Kirche eine Kerze an. Es

Was ist das größte Geheimnis, was du vor deinen Eltern versteckst?

Was war die größte Dummheit, die du mit einem Freund begangen hast?

Was geschah als du das erste Mal sehr verletzt wurdest?

Wie fühlte sich dein erster Kuss an?

Was war dein größter Verlust oder deine größte Enttäuschung?

Erinnere dich an eine große Peinlichkeit, was ist passiert?

In welchen Moment fühltest du dich richtig lebendig?"

Mir gingen dort ganz viele Gedanken durch den Kopf. Ich finde es toll, wie die Studenten dieses Lichtkonzept durchgeführt haben und auch das sie so tiefgründige Fragen auf den beleuchteten Stoffen gestellt haben.

Sonntag, 22.10.2017, Training der Gedächtnisleistung

Da meine Eltern ja beide an Demenz leiden, beschäftige ich mich manchmal mit diesem Thema, ob man irgendetwas tun kann um seine Gedächtnisleistung zu verbessern.

Ich habe im Internet mal wieder etwas recherchiert: Und bin dabei auf folgende Thesen getroffen, die ich sehr interessant finde.

Hätten Sie es gewusst? Vor diesen 7 Feinden fürchtet sich unser Gehirn am Meisten:

1. Chronische Überlastung mindert die Gedächtnisleistung und führt zu demenzähnlichen Symptomen.

Ich versuche weitestgehend jeglichen Stress zu vermeiden. Aber manchmal gelingt es mir auch nicht. Dann versuche ich tief durch zu atmen und sage zu mir immer: morgen ist alles besser.

2. Schon nach fünf Tagen Nichtstun sinkt der IQ um fünf Punkte, das Gehirn schalten auf Sparflamme.

Das Faulenzen gehört für mich natürlich auch immer mal zu meinem Leben dazu. Aber ich kann auch gut faulenzen mit einem schönen Buch zum Lesen. Das regt meine Phantasie an. Oder ich schreibe meinen Blog bzw. meine Fortsetzung meines Buches weiter.

3. Kranke Schilddrüse

Eine Unterfunktion der Schilddrüse kann zu Gedächtnisstörungen und Orientierungsproblemen führen.

Ich werde das bald mal testen lassen.

4. Übergewicht

Zu viel auf der Waage – zu wenig im Hirn!

Ich versuche mich halbwegs gesund zu ernähren bzw. mich regelmäßig zu bewegen.

5. Schlafsünden:

Wer regelmäßig unter sechs Stunden oder mehr als neun Stunden schläft, lässt sein Gehirn schneller altern.

Ich versuche jeden Abend um dieselbe Zeit zu Bett zu gehen und insgesamt 8 Stunden zu schlafen. An manchen Nächten muss ich zwar nachts raus, weil meine Blase sich meldet. Aber ich kann danach meistens recht gut wieder einschlafen.

6. Bratwurst & Co:

Die falschen Fette machen dumm und den Geist träge. Ihr Gehirn liebt ein ganz besonderes Fett aus tropischen Gegenden, dass sie in jedem Supermarkt kaufen können!

Ab und zu muss auch einmal eine Bratwurst sein. Aber ich versuche immer, eine Bratwurst und anderes Fastfood nur sehr selten in meinem Speisenplan einzubauen.

7. Alkohol:

Es kommt nicht auf die Menge an! Denn schon nach geringen Mengen wird ihr Gehirn träge. Gedächtnisausfälle sind möglich.

Neujahr 1.Januar 2020

Neujahr, 1.Januar 2020 Achte auf das Kleine in der Welt, das macht das Leben reicher und zufriedener.

Carl Hilty

Das neue Jahr sieht mich freundlich an, und ich lasse das alte Jahr mit seinem Sonnenschein und Wolken ruhig hinter mir.

Johann Wolfgang von Goethe

Wanderungen durch Wustrau mit meinen Wandermädels am 21.Januar 2020

Heute bin ich wieder mit meinen Wandermädels unterwegs gewesen. Wir machten eine Entdeckungstour durch meinen Heimatort Wustrau. Die Sonne schien in vollen Zügen. Durch den schönen Park gelangten wir zu unserer Badestelle. Auf der kleinen Brücke, die in den Ruppiner See hereinragt machten wir Halt.

Rückblick: Donnerstag, 29.12.2016; Blogkommentare und Wünsche fürs neue Jahr.

Ich habe einen lieben Brief vom Senioren-Wohnpark von meinem Papa erhalten. Es haben zwar die Schwestern für Ihn geschrieben. Aber ich habe mich sehr darüber gefreut:

Liebe Andrea, ich gratuliere Dir herzlich zum Geburtstag (24.12.) und wünsche Dir viel Gesundheit und Schaffenskraft. Dir und Deiner Familie wünsche ich ein schönes Weihnachtsfest und ein gesundes neues Jahr.

Liebe Grüße von Deinem Papa.

Robert A.: Liebe Andrea, wie geht es Dir? Ich hoffe gut!!! Was macht dein Gesundheitszustand? Ich bewundere deine tollen Postings immer. Du strahlst wie die Sonne. Alles Liebe und Gute weiterhin!

Lieber Robert A.: Mir geht es gut. Ich habe ein paar herrliche Tage zu Hause mit meiner Familie verbracht. Auch meinen 53.Geburtstag habe ich mit meiner Familie und Freunden bei einem Brunch verbracht. Ich bin sehr zufrieden mit meinen Leben. Ich habe meinen Platz und meine Nische im Leben gefunden. Es tut einfach so gut, wenn man mit sich selbst im reinen ist. Ich habe auch meinen Frieden mit den Ärzten geschlossen. Anfang Januar muss ich gleich wieder zur Mammographie. Vielen Dank für Dein Kompliment. In gewisser Weise hast du mich damals dazu inspiriert zu Schreiben. Ich tanke neue Kraft beim Lesen und Schreiben. Manchmal trödle ich einfach in meiner Wohnung herum. Das gibt mir auch Kraft. Es muss nicht mehr alles perfekt sein. LG Andrea

Liebe Claudia, Du bist für mich ein großes Vorbild. Durch Dich bin ich vor fast 2 Jahren auf die Plattform f+f aufmerksam geworden. Deine Beiträge haben mir auch immer sehr bei der Bewältigung meiner

Erkrankung geholfen. Mache bitte weiter so wie bisher.

Danke Andrea, sowas spornt an auch weiter in dieser Richtung zu schreiben. Dir alles Gute weiterhin, liebe Grüße, Claudia

Ich möchte mich bei allen bedanken, die mich durch das Jahr begleitet haben! Ich danke diejenigen die mit mir gelacht und geweint haben, die mich durch schwierige Zeiten begleitet haben und vor allem denen…Die mich so ertragen haben wie ich bin! Die immer für mich da sind…ohne Euch wäre meine kleine Welt nicht so wertvoll. Ich wünsche Euch für das neue Jahr 2017 nur das Beste…Das ihr gesund bleibt, viel Glück habt und das ihr einfach zufrieden seid.

Vertrauen, 26.Februar 2020

Es macht keinen Sinn, um Menschen zu kämpfen, die nicht in deinem Leben sein wollen.

Die einzige Konstante im Leben ist die Veränderung! Alles möchte fließen. Hör auf zu kämpfen, hör auf festzuhalten.

Dein Festhalten und Klammern kostet dich sehr viel Kraft. Lass los und fließe mit dem Leben.
Beim Fließen wirst du getragen und es kostet dich gar nichts.

Vertraue darauf.

Von einer universellen Perspektive aus betrachtet, bringen einen auch die so genannten „falschen Propheten" nicht wirklich vom Weg ab, weil sie uns die Kehrseite der Medaille zeigen, sodass wir lernen können, was wir nicht sind und nicht wollen.

Alles – egal, ob es uns dient oder nicht – ob es schmerzt oder uns erfreut- dient uns schließlich doch immer! Verstehen werden wir es ist der Moment dafür

da.

Gestern bin ich zusammen mit meinem Partner zur Kochquelle gewandert. Es hat uns beiden sehr gutgetan. Die frische Waldluft einzuatmen. Als wir an der Kochquelle ankamen, hatte ich einen magischen Moment. Ich dachte an Sabine S. Mit ihr und meinen Wandermädels bin ich im vergangenen Herbst noch hier hergewandert. Es war für mich als wenn es erst gewesen wäre. Ich habe ihre Stimme heute noch im Gedächtnis. Sie erklärte uns damals die Kochquelle und auch das sie damals immer mit ihren Schülern her gekommen ist… Liebe Sabine Du fehlst uns allen sehr.

Die blaue Glasmurmel habe ich im letzten Jahr von Petra Bischof beim Pilgern gegen Krebs bekommen. Diese Murmel erinnert mich an ihre Tochter. Diese Murmel habe ich bei meinen Wanderungen und Reisen immer dabei. Ich finde es gut, wenn diese Glasmurmel so durch Die Welt getragen wird.

Ich bin gestern zum ersten Mal in meinem Leben auf einem Hochsitz gestiegen. Es hat mir einen riesigen Spaß bereitet. Es war eines der Dinge, die auf meiner Löffelliste stehen.

Krebsaktionstag Gemeinsam gegen Krebs DKK 2021

Treffen am German Cancer Survivor Stand, ich habe hier ganz tolle Leute vor Ort getroffen. Vielen lieben Dank für die netten Gespräche und den Austausch miteinander.

Ich berichte Euch in den nächsten Tagen etwas ausführlicher darüber. Ich bin jetzt auf der Heimreise. Kommt ihr alle auch gut nach Hause. Wünsche Euch allen noch ein schönes Wochenende.

9. Krebsaktionstag 2020 Gemeinsam gegen Krebs

Alle Träume können wahr werden, wenn wir den Mut haben ihnen zu folgen. Walter Disney
Meine Lesung im Frauentreff in Berlin Wuhlheide.

Heute war es nun soweit: ich habe eine Lesung im Frauentreff An das Wuhlheide gehalten. Ich möchte mich auf diesem Wege nochmals für die tolle Gastfreundschaft bedanken. Es waren schöne gemütliche Stunden.
Ich habe in meinem Vortrag auch Fotos gezeigt von unserer Pilgerwanderung im Mai 2019. Es waren viele Fotos der Erinnerung. Das Projekt unter der Leitung von Annelie Voland heißt Pilgern gegen Krebs. Ich

freue mich immer noch sehr darüber, dass ich im letzten Jahr in Ihrer Gruppe mitgelaufen bin.

Das Leben lieben heißt Gott lieben. Lew Tolstoi

3.Februar 2020 Weltkrebstag

Ihr Lieben, heute ist Weltkrebstag. Mitten im Leben traf er mich – Brustkrebs im fortgeschrittenen Stadium. Die Ärzte gaben mir eine geringe Überlebenschance. Nun sind 5 1/2 Jahre vergangen, ich habe allen Statistiken Lügen gestraft. Jeden Morgen, wenn ich aufwache, mache ich einen inneren Freudentanz, dass ich lebe. Sicherlich haben viele Faktoren den Verlauf positiv beeinflusst: engagierte Ärzte, die Krebstherapien, meine Familie, Glück – und bestimmt meine damalige Entscheidung für die HOFFNUNG. Sie wurde mein eigener Wegbegleiter, den ich behütete wie einen Schatz und den mir auch niemand wegnehmen durfte. Die Hoffnung ließ mich kritisch, achtsam, wachsam und fürsorglich zu werden.

Ich wünsche allen Betroffenen Kraft Zuversicht, Mut, gute Ärzte, ein liebevolles Umfeld und Glück.

Und allen Gesunden möchte ich ans Herz legen, die Früherkennung zu nutzen und auf einen für die Gesundheit bekömmlichen Lebensstil zu achten –

auch wenn es keine Garantien gibt

Inmitten des Alltags will ich innehalten. Ich will spüren, was mich bewegt hat bis jetzt. Was hat mich geleitet? Gott, leite meine Gedanken und hilf mir zu sehen, wo ich gebraucht werde.

Kennenlerntreffen in Wabern am 8.Februar 2020 für die Pilgerwanderung im Mai

Die Frauenselbsthilfe nach Krebs, Landesverband Hessen e.V: Gruppe Homberg/Efze hat uns Krebsbetroffene zu einer 8-tägigen Pilgertour von Eisenach nach Marburg/Lahn auf dem Elisabethpfad und Jakobsweg eingeladen. Da ich im vergangenen Jahr schon einmal an einer Pilgerwanderung teilgenommen habe, bin ich dieser Einladung gern gefolgt.

Gemeinsam werden wir täglich Strecken zwischen 12 und 23 km gehen, gemeinsam lachen, schweigen und vielleicht auch weinen. Wir werden unser Gepäck selber tragen und in Herbergen übernachten.

Es war ein wundervoller Tag mit Euch beim Kennenlernen für unsere gemeinsame Pilgerwanderung im Mai von Eisenach nach Marburg.

Wanderung nach Harle mit Führung in die Bonifatiuskirche

Ein alter Spruch lautet:

„Wenn nichts mehr geht, geh los!"

Kurvenkratzer, Influcancer, unser 30.-jähriger Kennenlerntag 1.März 2020

Ich habe mich heute früh sehr über die 30 Rosen gefreut, die ich von meinem Schatz bekommen habe. Wir haben heute unseren 30-jährigen Kennenlerntag. Wir sind jetzt seit 30 Jahren ein Paar. Ich liebe meinen Karsten wie am ersten Tag.

Dienstag, den 03.03.2020

Denn wie der Regen und der Schnee vom Himmel fällt und nicht dorthin zurückkehrt, ohne die Erde zu tränken und sie zum Keimen und Sprossen zu bringen, dass sie dem Sämann Samen gibt und Brot zum Essen, so ist es auch mit dem Wort, das meinen Mund verlässt: Es kehrt nicht leer zu mir zurück, ohne zu bewirken, was ich will, und das zu erreichen, wozu ich es ausgesandt habe. Jes 55,10-11

Gedanken
Die Worte Christi sind immer treffend. Haben Hände und Füße. Sie gehen über alle Weisheit, Ratschläge und List der Weisen hinaus.

Der Kurvenkratzer Influcancer wird aufgrund von Coronakrise leider verschoben.

Gedanken zu „Kurvenkratzer Influcancer, 30.jähriges Kennenlernen,"

Gabi König sagt im März:

Andrea ist für mich ein Mutmacher. Immer fröhlich zuversichtlich eben eine gute Freundin. Sie ist hilfsbereit immer für andere da. Lest ihre Bücher sie ist Authentisch. Nebenbei ist sie für ihre Mama und ihren Bruder da, die beide sehr krank sind. Sie ist nicht nur Bloggerin, sondern setzt auch alles was sie schreibt in die Tat um, Sie hätte es sowas von verdient Nominiert zu werden.

3. März 2020

Liebe Gabi, vielen lieben Dank für Dein riesiges Kompliment. Ich habe mich soeben gerade sehr darüber gefreut. Genau dasselbe kann ich gern zu Dir zurückgeben. Du bist eine ganz tolle mutmachende Frau und Du hast mir immer gezeigt, wie man auch mit tiefen Schicksalsschlägen gut weiterleben kann. Auch danke ich dir für unser gemeinsames Pilgern und auch wandern bei den Wandermädels. Wir können sehr gut mit einander lachen und weinen und das bleibt noch ganz lange so. Viele liebe Grüße nach Öschelbronn auch an Rike, Ich wünsche Euch beiden eine gute Heimreise. Ich freue mich darauf Euch beide bald wieder zu sehen und auf unser gemeinsames Lachen. Wir lassen uns nicht unterkriegen. Liebe Grüße von Andrea

Qigong und Gute Laune Tanz

10.März 2020 Qigong

Einmal wöchentlich gehe ich in meinem Nachbarort Altfriesack zum Qigong.

Wir sind eine kleine Gruppe dort in der kleinen Dorfgemeinschaft.

Mir tut das Qigong sehr gut. Hier habe ich leichte Übungen erlernt, die meiner Gesundung sehr guttun. Auch das bewusste Atmen gehört für mich dazu.

Als Qigong bezeichnet man eine Vielzahl von verschiedenen Methoden zur Kultivierung von Körper und Geist.

Als selbstregulierendes Verfahren der Traditionellen Chinesischen Medizin TCM dient es dem Ziel, die "Qi" genannte Lebensenergie im Körper zu pflegen und zu stärken.

Häufig werden Übungen in Bewegung mit Übungen der Ruhe kombiniert, mit denen gleichermaßen die

Beweglichkeit wie auch die Atmung, die Meditation und die Erholung aktiviert werden können.

In der westlichen Welt findet man vor allem medizinisch orientierte Qigong-Übungen zur Linderung und Beseitigung von Beschwerden und Erkrankungen und zur Verbesserung des Wohlbefindens.

9.März 2020, Nominierung zum Krebsblogger des Jahres, Kurvenkratzer Influcancer

Andrea Voß | WWW.ANDREA-V.DE

WORUM ES IN MEINEM BLOG GEHT

Ich blogge seit 2014 über meinen Brustkrebs mit Knochenmetastasen. Ich will anderen Menschen mit meiner Krebsgeschichte etwas Mut machen und helfen. Es geht in meinem Blog auch um Sport, Wellness, Achtsamkeit, Pilgern und Seelische Verarbeitung meiner Erkrankung. Das Leben kann auch mit einer chronischen Erkrankung sehr schön sein.

MEINE GESCHICHTE

Ich heiße Andrea Voß und komme aus Wustrau (Brandenburg). Im blühenden Alter von 50 Jahren bin ich im April 2014 an Brustkrebs mit

Knochenmetastasen erkrankt. Zum Anfang meiner Erkrankung bin ich in ein ziemlich tiefes Loch gefallen. Das Aufschreiben meiner Gedanken und Gefühle in einem Tagebuch verhalf mir dabei, alles besser verarbeiten zu können. Ich fing an im Internet zu recherchieren. Es tat mir von Anfang an gut, mich mit anderen auszutauschen, die ein gleiches oder ähnliches Schicksal wie ich erlitten haben. Ich pflege sehr viele Sozialkontakte. Dadurch kam ich mir nicht mehr so hilflos und alleine vor mit meiner Krebserkrankung. Ich ging von Anfang sehr offen mit meiner Brustkrebserkrankung um. Auch habe ich 2 kleine Bücher geschrieben. Ich habe nun die kleinen Dinge und Überraschungen eines jeden Tages zu schätzen und zu lieben gelernt.

Mein LIEBLINGSZITAT

Ich liebe das Leben und jeder Tag zählt. Seit meiner Brustkrebserkrankung ist mir sehr bewusst, dass wir meist in dem Glauben, noch ewig lange Zeit zu haben oft nicht im Augenblick- sondern mit dem Warten auf die großen, besonderen Dinge der Zukunft – leben.

Besuch in Wittstock bei meinem Bruder, 12.März 2020

Meine beiden Bücher kann man sich in Wittstock in der Bibliothek ausleihen.

Ich halte mich sehr gern in der Bibliothek in Wittstock auf. Hier kann ich schnökern und lesen. Es ist für mich ein Ort der Stille

Anschließend bin ich über den Marktplatz geschlendert. Die ersten wärmenden Sonnenstrahlen haben mich erwischt.

Mein Bruder Hans Joachim hat Geburtstag. Ich habe ihn heute in Wittstock besucht. Er hat sich sehr darüber gefreut.

Ich betreue meinen Bruder seit einigen Jahren

16.März 2020, Zometagabe und Frühling in Zeiten von Corona

Gedicht im Internet:

Es war der 16. März 2020, die Straßen waren leer, die Geschäfte geschlossen, die Leute kamen nicht mehr raus.
Aber der Frühling wusste nichts
Und die Blumen blühten weiter
Und die Sonne scheint
Und die Schwalben kamen zurück
Und der Himmel färbte sich rosa und blau
Morgens kneteten wir Brot und backten Kuchen
Es wurde immer später dunkel und morgens kam das Licht früh durch die Fenster
Es war der 16. März 2020
Die Jugendlichen studierten online
Und am Nachmittag spielte man unvermeidlich im

Haus. Es war das Jahr, in dem man nur zum Einkaufen rausgehen konnte
Alles wurde geschlossen
Auch die Büros, Hotels und Bars
Die Armee fing an, Ausgänge und Grenzen zu bewachen
Es gab nicht genügend Platz mehr für alle in Krankenhäusern
Und die Leute wurden krank
Aber der Frühling wusste es nicht und er trieb Sprossen
Es war der 16. März 2020
Alle wurden unter Quarantäne gestellt
Großeltern, Familien und Jugendliche
der Gesundheit wegen
Dann wurde die Angst echt
Und die Tage sahen alle gleich aus
Aber der Frühling wusste es nicht, und die Rosen blühten weiter
Es wurde wieder das Vergnügen entdeckt, zusammen zu essen
zu schreiben und zu lesen, man ließ der Fantasie freien Lauf und aus Langeweile wurde Kreativität
Manche lernten eine neue Sprache
Manche entdeckten die Kunst
Studenten büffelten für die letzte Prüfung, welche noch für den Abschluss fehlte
Der Eine merkte, dass er getrennt vom Leben war und fand zu sich zurück
Der Andere hatte aufgehört, mit Ignoranz zu verhandeln
Der Eine hat das Büro geschlossen und ein Gasthaus mit nur vier Personen eröffnet. Der Andere verließ seine Freundin, um der Welt die Liebe zum besten Freund zu gestehe.

Es gab jemanden, der Arzt wurde, um jedem zu helfen, der es brauchte
Es war das Jahr, in dem man die Bedeutung der Gesundheit und des wahren Leidens erkannte und vielleicht auch seine Berufung
Das Jahr, in dem die Welt aufzuhören schien
Und die Wirtschaft den Bach runterging,
aber sie hörte nicht auf, sie erfand sich neu
Und der Frühling wusste es nicht, und die Blumen ließen den Platz den Früchten
Und dann kam der Tag der Befreiung
Wir waren im Fernsehen und der Premierminister sagte zu allen, dass der Notfall vorbei sei
Und, dass der Virus verloren hatte
Das die Italiener alle zusammen gewonnen hatten
Und dann gingen wir auf die Straße
Mit Tränen in den Augen

Ohne Masken und Handschuhe
Umarmten unseren Nachbarn
Als wäre er unser Bruder
Und da kam der Sommer
Weil der Frühling es nicht wusste
Und er war weiterhin dabei Trotz allem
Trotz des Virus
Trotz der Angst
Trotz des Todes
Weil der Frühling es nicht wusste
Und lehrte alle
Die Kraft des Lebens.
Danke Heidemarie Becker für den schönen Text. Ich erzähle es weiter.
geklaut bei Ulrich Dörr – danke für das Teilen <3

Am 16.März habe ich die ¼ jährliche Zometainfusion bekommen.
Die Infusion läuft gerade über den Port in meinem Körper. Es fühlt sich gut an. Allerdings werde ich etwas schläfrig. Ich habe in der Vergangenheit Nacht etwas unruhig geschlafen.
Heute ist es relativ leer in der Onkologie gewesen. Schön, dass ich trotzdem rangekommen bin. Dadurch weil ich jetzt nur alle 1/4 jährlich dahin muss, habe ich mich sehr gefreut, dass es heute geklappt hat. Vielen lieben Dank an das gesamte Team.

Tag 2 Coronakrise, Frühlingsspaziergang, Besuch bei der Gärtnerei

Ich liebe diesen schönen Park in Wustrau. Hier kann ich frei durchatmen und Kraft tanken. Heute hat mich meine Freundin Gabi besucht und wir haben ein paar ganz tolle Stunden miteinander verbracht. Wir sind mit ihrem Hund Charlie zuerst durch den Park und dann zum Kanonenberg, am Sportplatz vorbei bis hin zum Blücherberg gelaufen. Es waren ein paar herrliche unbeschwerte Stunden.

Tag 3 der Coronakrise in Deutschland,

Leider überschneiden sich die Nachrichten gerade sehr. Es gibt nun auch den 1.Coronainfizierten in OPR. Ich mache mir große Sorgen, dass es jetzt auch hier vor Ort schlagartig ansteigen könnte. Es macht mich sehr traurig und auch sehr Nachdenklich was zurzeit in Italien, Frankreich und eigentlich auf der ganzen Welt passiert. Ich halte mich ab heute größtenteils zu Hause auf. Allerdings habe ich heute Abend noch einen kleinen Spaziergang in Richtung Altfriesack unternommen. Noch vor 2 Wochen hätte ich nicht gedacht, dass die Lage so ernst ist. Aber wir wurden und werden alle eines Besseren belehrt. Das allgemeine Leben, was Sozialkontakte angeht stellt uns alle auf eine harte Probe. Ich hoffe nur, dass diese ungewisse Zeit nicht so lange anhält. Ich denke zwar immer positiv, aber leider gelingt es mir nicht immer. Ich versuche mich derzeit mit Lesen abzulenken. Am Tage halte ich mich sehr viel in meinem kleinen Garten vorm Haus auf.

Was macht ihr so alle Schönes, um Euch abzulenken?

Gestern habe ich die Gärtnerei Kraatz bei mir im Dorf besucht und mir ein paar Hornveilchen geholt. Es war eine Augenweide dort im Gewächshaus und es duftete überall so schön. Ich bekam richtige Gänsehaut, als ich diese Schönheit der Blümchen erblickte. Es machte alles einen sehr friedlichen Eindruck auf mich. Auch musste ich mich dabei an meinem verstorbenen Vater erinnern, der viele Jahre eine kleine Gärtnerei geleitet hatte. Ich vermisse ihn sehr.

Eine ganz liebe E-Mail hat mich heute erreicht, vielen Dank dafür liebe Elke. Es ist sehr wichtig, dass wir alle im Austausch miteinander bleiben. Es gibt mir Halt und Kraft in dieser schweren Krise, nur so können wir es gemeinsam überstehen. Ein kleiner Ausschnitt aus der E-Mail:

Krebs vereint uns

Hallo meine Liebe, ich möchte Dir liebe Grüße und eine Extraportion Kraft senden. Ich werde am 4.4. nun 57 (die Zeit fliegt)! Ich selbst habe 2 unterschiedliche Krebserkrankungen gehabt. Die letzte Erkrankung war ein Non Hodgkin Lymphom das bei Erstdiagnose bereits gestreut hatte.
Hallo liebe Elke,

vielen lieben Dank für Deine liebe E-Mail, über die ich mich sehr gefreut habe. Ja Du hast so Recht damit, der Krebs vereint uns.

In diesen Zeiten ist es mehr als Notwendig, wenn wir uns gegenseitig Mut machen und uns stärken. Wir dürfen nur nicht die Hoffnung verlieren. Am Ende wird alles gut. Und trotzdem mache ich mir große Sorgen, dass nach Corona nichts mehr so sein wird wie vorher. Wir werden auf alle Fälle sehr viel vorsichtiger mit unseren Sozialkontakten umgehen. Aber ich glaube auch daran, dass wir alle näher zusammenrücken und gestärkt aus dieser Krise hervorgehen.

Bleibe Du schön gesund, ich freue mich über einen Austausch mit Dir.   Liebe Grüße von Andrea

Tag 4, Corona, 19.03.2020, Natur und kleiner Spaziergang durch den Park

Wer mit offenen Augen durch die Natur wandert, kann Gott in jeder noch so kleinen Blume entdecken. Thomas von Aquin

Wir vergessen, dass das Aufwachen jeden Tag das Erste ist, wofür wir dankbar sein sollten.

Gebet
Lehre mich, Gott, deine Wege zu gehen und die Nahrung des Lebens zu empfangen, die du den Glaubenden reichst. Hildegard von Bingen

Tag 5, 20.März 2020 Coronakrise, Tag des Glücks und der Trauer

Täglich erreichen mich die Nachrichten über dem Coronavirus. Es macht mich sehr traurig, wie viele Neuerkrankungen und auch Todesfälle es in Italien (600) an einem Tag gibt. Auch hier in Deutschland breitet sich der Virus immer weiter aus. Es ist ein

Ich habe heute um 20:00 Uhr am Abend eine Kerze vor unser Fenster gestellt. Die Kerze soll erinnern an die vielen Verstorbenen Corona Patienten und soll aber auch ein Hoffnungsschimmer sein, dass diese Krankheit bald besiegt wird.

Tag 6, Coronakrise, Sonnabend den 21.03.2020

Ich wünsche Euch und Euren Familien allen ein schönes Wochenende. Versucht das beste aus der Situation zu machen.

Gestern Abend habe ich mich noch sehr über das Video von den jungen Erwachsenen mit Krebs gefreut:

An diesem Wochenende sollte doch eigentlich das Treffen von Kurvenkratzer Influcancer stattfinden. Das Treffen wurde auf November verschoben. Ich freue mich, dass ich im November mit dabei sein kann.

Wir Influcancer wollen in dieser Zeit Mut machen. Daher habe ich dieses kleine Video aufgenommen.

Gebet: Heile uns, Herr, Verbinde die offenen Wunden, Lass uns Leben. Mit Narben zwar, aber voll neuer Kraft und neuer Freude am Leben.

Tag 7, Coronakrise, Sonntag, Kochbuch, Stay At home

In diesen Zeiten ist es schön, wenn wir alle zusammenhalten. Ich habe mich gerade sehr über das Buch von Claudia Braunstein gefreut. Sie gehört für mich zu den Mut Macherinnen der ersten Stunde, wie man mit Krankheiten und Krisen umgehen kann. Ganz liebe Grüße nach Österreich von Andrea

Tag 8 Mutmachvideo

Ich wünsche Euch und Euren Familien allen einen schönen Start in die neue Woche.

Ich habe an einem Mutmachvideo von Influcancer teilgenommen.

Das Mutmachvideo von den Influcancern ist super geworden. Ich konnte auch einen kleinen Teil dazu beitrage. #talkaboutcancer, #mutmachvideo

Tag 9 Waldbaden und Walking

Ich wünsche Euch allen einen wunderschönen Dienstag. Ich bin heute ganz schön früh aufgestanden und bin durch den Wald gelaufen. Es hat mir super gut gefallen. Die Luft an der freien Natur ist so klar und rein. Ich habe dort richtig tief durchgeatmet. Auch mein Ritual die Bäume umarmen habe ich wieder gemacht. Es war so friedlich und toll in Wald.

Es ist so schrecklich gerade habe ich im Internet gesehen, dass heute 800 Menschen in Italien an Corona gestorben sind. Es macht eine doch ganz schöne Angst. Ich gehe nicht mehr so sorglos mit dieser ganzen veränderten Situation um.

Tag 10, Coronakrise, meine ganz persönlichen Empfindungen

Achtet auf euch und bleibt gesund, auch ich habe Angst, aber trotzdem dem anderen ein Lächeln schenken und Grüßen damit man nicht denkt man ist alleine. Schönen Donnerstag für Euch alle.

Tag 11, Coronakrise, Durchhalten, Überraschung von Spirit of Solidarity

Heute habe ich eine ganz tolle Überraschung erhalten. Ich habe einen USB-Stick von Spirit of Solidarity erhalten. Ich habe im September 2018 das Breithorn zusammen mit 80 weiteren an Brustkrebs erkrankten Frauen aus ganz Europa teilgenommen. Es ist ein unvergessliches Abenteuer in meinem ganzen Leben.

Zur Erinnerung an eine unvergessliche Bergbesteigung. Ihre Ute Louis und Karl Otto Louis Pfeiffer

Tag 12, Coronakrise, Gartenarbeit

Der frühe Morgen ist eine erfrischende Zeit. Eine Zeit voller Möglichkeiten und dem Zauber des Anfangs. Alle Elemente der Natur, die Felder, Flüsse, Seen, Tiere, Steine – alles ist im klaren Morgenlicht deutlich erkennbar. Ebenso wie die Dunkelheit, Ruhe und Befreiung geben kann, bringt die Morgendämmerung Erwachen und Erneuerung. In all unserem Alltagsdenken und Sorgen verlieren wir oft den Blick dafür. Dabei ist es ein Privileg inmitten dieses wunderbaren Universums leben zu dürfen. Jeden Tag enthüllt die Morgendämmerung aufs Neue das Wunder der Schöpfung. Warum nicht den Tag mit einem Spaziergang beginnen – selbst wenn es nur eine kleine Runde um den Häuserblock ist.

Kommt alle gut durch das Wochenende mit vielen glücklichen Momenten.

Tag 13, Coronakrise

Segne, Herr, den Kreislauf des Lebens, den Wechsel von Hell und Dunkel, von Arbeit und Ruhe, von schwere und Leichtigkeit im Leben.

Tag 14, Coronakrise, Seniorenvereinsleben

Ich wünsche Euch allen einen schönen Start in die neue Woche. Uns geht es gut. Gestern haben wir uns fast nur drinnen aufgehalten. Das Wetter war plötzlich auch ganz schön kalt. Es hagelte sogar kurz. Abends sah der Himmel richtig friedlich aus. Heute früh bin ich zeitig aufgestanden. Ich ging gleich durch den Wald spazieren und atmete die schöne klare Luft ein.

In der MOZ stand heute folgender Artikel:

Zusammenhalt im Dorf: Vielen lieben Dank an unsere Vereinsvorsitzende Elfi Minke.

Wustrau (MOZ) Noch zum Frauentag haben die Mitglieder des Seniorenvereins Wustrau-Altfriesack in großer Runde bei Kaffee und Kuchen gemütlich zusammengesessen. Mit der Corona-Krise musste Vereinsvorsitzende Elfi Minke alle weiteren Treffen streichen, die von vielen der rund 160 Mitglieder sonst gerne angenommen werden.

"Zum Glück gibt es noch das Telefon", sagt Minke. Hin und wieder klingele sie bei den einen oder anderen Vereinsmitgliedern durch, um mit ihnen etwas zu plaudern, was jetzt persönlich nur noch mit dem gebotenen Abstand möglich ist. "Viele gehen aber noch im Dorf spazieren oder man sieht sich mal beim Bäcker – natürlich mit zweieinhalb Meter Entfernung. Alle sind da sehr folgsam. Das funktioniert hier besser als in der Stadt", meint Minke. Ansonsten seien gerade die Angehörigen gefragt, sich um die Älteren zu kümmern und für sie da zu sein, betont die Vereinsvorsitzende.

Das Vereinsleben und die Gemeinsamkeit liegen derzeit auf Eis. Der Kindergarten hat bereits geschlossen. Für deren Mädchen und Jungen würde der Verein um diese Jahreszeit normalerweise Eier sammeln und für das Ostereiertrudeln am Obelisken färben. Zudem feiern die Senioren regelmäßig ihre Jubilare beim Geburtstag des Monats. Auch das fällt alles aus. "Vielleicht können wir das alles auf einmal nachholen", meint Minke. Vergessen seien die Geburtstagskinder aber nicht. Vor Kurzem habe ein Vereinsmitglied seinen 92. Geburtstag gefeiert. "Ich habe dann einfach ein Blümchen aufs Fensterbrett gestellt, geklingelt und vom Gartenzaun aus gratuliert. Die Umarmung müssen wir dann im Sommer nachholen", sagt Minke.

Sie selbst ist optimistisch, dass die Schutzmaßnahmen noch im Frühjahr wieder aufgehoben werden. "Vielleicht können wir ja dann unser Frühlingsfest machen", sagt sie. Für Juli habe der Verein zudem einen Ausflug nach Güstrow und für den Spätsommer ein Grillfest geplant – dann hoffentlich wieder in altbekannter geselliger Runde.

Tag 15, Coronakrise, Kontaktsperre

Und wieder ist ein Tag mit Kontaktsperre zu Ende gegangen. Ich bin heute wieder sehr viel draußen in der Natur unterwegs gewesen. Ich möchte meine Abwehrkräfte stärken. Am Nachmittag bin ich bei meinen Streifzügen durch mein Dorf auf einen älteren Herrn gestoßen, der sich draußen in seinem Garten beschäftigte. Er half mir dabei kleine Zweige von einer Birke abzupflücken. Wir kamen dabei ins Gespräch. Wir haben dabei den Sicherheitsabstand gehalten. Wir unterhielten uns eine ganz Weile über alte Zeiten. Es hat mir sehr gut getan mit Ihm zu erzählen. Wir unterhielten uns auch über meinen verstorbenen Vater, der zum Schluss seines Lebens an Demenz litt. Leider kann ich meine Mutti und meinen Bruder derzeit auch nicht besuchen, da beide in einem Heim leben. Ich glaube auch, dass viele ältere Leute jetzt sehr einsam sind. Ich wünsche Euch und Euren Familien allen einen schönen Abend.

Tag 16, Coronakrise, Hoffnung, Einkauf, Ostervorbereitungen, Donnerstag, den 02.04.2020

Heute haben wir Ostervorbereitungen getroffen. Das Schmücken von unserer Wohnung und unserem Garten bereitet mir immer eine große Freude. Auch fuhren wir noch einkaufen.

Gebet
Herr wir suchen vieles, was uns letztendlich nicht erfüllen kann. Du aber suchst und findest uns und gibst dich uns hin. Hilf uns, an dir festzuhalten, damit unsere Hände nicht nach Unnützem greifen.

Gedanken
Als Mensch ist ein jeder von uns auf der Suche: auf der Suche nach Glück, auf der Suche nach Liebe, nach einem guten und erfüllten Leben. Gottvater hat uns all dies in seinem Sohn Jesus geschenkt.

Papst Franziskus

Tag 17, Coronakrise

Heute bin ich wieder Waldbaden gewesen.

„Erst im Wald kam alles in Ruhe in mir, meine Seele wurde ausgeglichen und voller Macht."

Das Waldbaden tut mir sehr gut. Hier kann ich tief durchatmen und tanke neue Kraft und Mut.

Tag 18, Coronakrise, Hoffnung, Wochenende

Birkenzweige mit Ostereiern zieren unsere Vase in unserer Wohnung. Viele Gedanken gehen mir durch meinen Kopf. Mal sehen, wie lange wir mit der Coronakrise zu kämpfen haben. Und doch gibt es immer Hoffnung. Wir dürfen die Hoffnung nur nicht verlieren.

Weine nicht wegen der Vergangenheit, sie ist vergangen. Habe keine Angst vor der Zukunft, sie ist nicht da. Lebe im Moment und mache ihn zu einem wunderschönen.

Tag 19, Coronakrise, Palmsonntag, 5.April 2020

Nur damit ich es NIEMALS vergesse....

April 2020

- Der Benzinpreis betrug 1,01 €.
- Die Schulen sind geschlossen – ja und der Unterricht findet zuhause statt.
- Abgesagte Prüfungen.
- Distanzmaßnahmen sind obligatorisch und funktionieren sogar.
- Klebestreifen auf Böden in Lebensmittelgeschäften und anderen Einrichtungen, um den Abstand zwischen den Kunden (2 m) zu halten.
- Begrenzte Anzahl von Personen innerhalb der Geschäfte sowie Anstehen vor den Ladentüren.
- Nicht unbedingt notwendige Geschäfte und Geschäfte, die geschlossen sein müssen. McDonalds und Co geschlossen!
- Parks, Wanderwege, ganze Städte

- Ganze Sportplätze geschlossen, Sportsaisonen gestrichen.
- Konzerte, Touren, Festivals, Unterhaltungsveranstaltungen abgesagt.
- Hochzeiten, Familienfeiern, Feiertagsversammlungen gestrichen~.
- Beerdigungen nur 10 Personen, keine Umarmungen erlaubt
- Keine Gottesdienste, die Kirchen sind geschlossen.
- Keine Versammlungen von 50 oder mehr, dann 20 oder mehr, jetzt 2 oder mehr.
- Kein direkter Kontakt mit jemandem außerhalb Ihres Hausstands.
- Kinderspielplätze sind geschlossen.
- Wir müssen Abstand voneinander halten.
- Wir haben Mangel an Masken, Kitteln und Handschuhen für unsere Helden an der Front.
- Dann der Mangel an Beatmungsgeräten für Schwerkranke.
- Panikkäufe setzen ein, und es gibt kein Toilettenpapier, Desinfektionsmittel, kein Mehl und Nudeln, kein Handdesinfektionsmittel und keine Hefe.
- Destillen, Brennereien und andere Unternehmen stellen ihre Produktionslinien um, um bei Herstellung von Visieren, Masken, Handdesinfektionsmitteln und PSA zu unterstützen.

- Die Regierung schließt die Grenze für alle nicht unbedingt notwendigen Reisen. Für Verstöße gegen die Regeln werden Geldstrafen verhängt.
- Stadien und andere Freizeiteinrichtungen sind geschlossen, aber öffnen sich zeitgleich als Behelfskrankenhaus etc. für den Überlauf von Covid-19-Patienten die nicht mehr in Kliniken Platz finden.
- Täglich Pressekonferenzen von der Regierung und des RKI. Tägliche Updates über neue Fälle, Genesungen und Todesfälle.
- Anreize der Regierung, zu Hause zu bleiben, Milliarden Euro an Unterstützung für Selbständige, Unternehmen, Arbeitnehmer etc.
Alles beschlossen OHNE das übliche Parteigeplänkel oder Unstimmigkeiten.
- Eine gut funktionierende Regierung, die bei einigen negativen Punkten, doch einen guten Job macht
- Kaum jemand ist auf den Straßen unterwegs. Menschen, die draußen Masken und Handschuhe tragen wie man es nur aus Asien kennt.
- Die wichtigsten Mitarbeiter im Dienst haben Angst, zur Arbeit zu gehen.
- Medizinisches Personal hat Angst davor, nach Hause zu ihren Familien zu gehen.

! Es handelt sich um die neue Covid-19-Pandemie, die im Februar 2020 ausgerufen wurde!

Warum ich das alles schreibe?

Eines Tages wird er in meinem Erinnerungspost in FB auftauchen und er wird mir eine jährliche Erinnerung daran sein, dass das Leben kostbar ist und dass man die Dinge, die man liebt, nicht als selbstverständlich betrachtet.

Wir haben so viel! Bleib dankbar. Sei freundlich zueinander – liebt einander – unterstützt jeden. – Wir sind alle eins!

Tag 20, Coronakrise, Montag, Waldbaden, Montag, den 06.04.2020

Ich wünsche Euch allen einen schönen Start in die neue Woche. Ich bin heute früh aufgestanden. Die Sonne schien in mein Fenster hinein. Nachdem ich mich etwas frisch gemacht habe, bin ich gleich Waldbaden gegangen. Ich liebe diese herrliche frische Waldluft am Morgen. Hier kann ich entspannen und Kraft auftanken.

In unserem Garten fangen jetzt die Pflaumenbäume an zu blühen. Es ist ein herrlicher Anblick.

Tag 21, Coronakrise, Dienstag, Garten und die Natur genießen.

Heute schien die Sonne in vollen Zügen. Wir hielten uns den ganzen Tag an der frischen Luft auf.

Es macht uns beiden Spaß uns an der frischen Luft zu bewegen und unseren Garten und die Natur zu genießen.

Tag 22, Coronakrise, Mein Garten, mein Balsam für die Seele

Gestern haben wir uns mal wieder und unserem Garten beschäftigt. Ich habe die Himbeeren und Brombeeren beschnitten und geputzt und mein Schatz hat etwas gehäckselt, Rasen gemäht und unsere kleine Buchsbaumhecke geschnitten. Jetzt sieht es wieder sehr ordentlich und sauber aus.

Gestern haben wir auch noch Straußeneier per Post erhalten. Dann haben wir begonnen, sie mit Acrylfarben anzumalen. Es hat uns beiden einen riesigen Spaß gemacht.

Tag 23, Coronakrise, Gründonnerstag, 09.04.2020

Ich wünsche Euch und Euren Familien allen ein Frohes Osterfest mit vielen bunten Eiern.

Tag 24, Coronakrise, Karfreitag

In unserem Garten blüht der Pflaumenbaum herrlich. Mir macht dieser Anblick sehr große Hoffnung, dass alles wieder gut wird. Ich habe heute dafür gebetet, dass das Coronavirus besiegt wird und das allen an Corona erkrankten wieder gesund werden bzw. keine Menschen mehr daran sterben müssen.

Tag 25, Coronakrise, Ostersamstag, Familie ist das größte

Gestern habe ich mich riesig darüber gefreut, dass unsere Tochter Jenny zu uns nach Hause gekommen ist. Es ist so schön, dass sie wieder da ist. Wir verbrachten einen herrlichen Tag zusammen. Sie half mir auch sehr dabei die Erdbeeren und etwas Salat und Kohlrabi in den Garten einzupflanzen. Es machte große Spaß mit ihr an der frischen Luft.

Abends haben wir dann Seelachs, Kartoffeln und Dill-Soße zusammen gegessen. Dazu gab es noch etwas Gurkensalat. Angestoßen haben wir dann mit einem lieblichen Wein, den wir uns im letzten Jahr aus Hirzenach direkt von einem Weinhersteller mitgebracht haben. Das war alles sehr lecker.

Tag 26, Coronakrise, Ostersonntag 2020

Gestern ist ein Wunsch für mich in Erfüllung gegangen. Ich bin das erste Mal seit meiner Jugend wieder mit einem Moped S50 gefahren. Ich freue mich sehr, dass mir mein Schatz das Moped wieder schick hergerichtet hat. Das Moped habe ich im letzten Herbst beim Teilemarkt in Wulkow gekauft. Es macht mir einen Heidenspaß. Ich war ganz schön aufgeregt nach so langer Zeit. Es klappte einfach super.

Tag 27, Coronakrise, Ostermontag

Gestern haben wir es uns bei uns zu Hause im Garten richtig schön gemütlich gemacht. Auch haben wir Ostereier versteckt. Bei herrlichem Sonnenschein konnten wir uns sogar etwas sonnen. Abends habe ich dann noch ein weiteres Straußenei als Mariechenkäfer bemalt. Es ist einfach herrlich mit meiner kleinen Familie zusammen zu sein.

Tag 28, Coronakrise, Unsere Hochzeit

Heute am 14.4.2020 haben wir um 11:00 Uhr im Standesamt Fehrbellin geheiratet. Es war eine Trauung im kleinen Rahmen. Unsere Tochter Jenny war unsere Trauzeugin. Es war ein Gänsehautgefühl als wir beide unser Jawort sagten und uns die Ringe aufsteckten. Der anschließende Kuss war sehr innig. Ich liebe meinen Karsten über alles. Wir freuen uns auf sehr viele weitere gemeinsame Jahre. Seit 30 Jahren sind wir bereits ein Paar.

Tag 29, Coronakrise, Viele schöne Geschenke und Gratulation

Gestern haben wir noch sehr viele schöne Geschenke und Grüße für unsere Hochzeit erhalten. Wir haben uns über jeden einzelnen Gruß und Geschenk von Euch sehr gefreut. Es tut so gut, dass so viele von Euch an uns gedacht haben. Ganz herzlichen Dank an jeden von Euch.

Es kamen uns noch einige Gratulanten persönlich unter Einhaltung der Abstandsregelung persönlich besuchen. Wir haben uns sehr gefreut.

Auch haben wir uns über die Lockerung bzgl. kleinerer Geschäfte sehr gefreut. So haben die kleinen Geschäfte und Lädchen in der Innenstadt wieder eine kleine Chance bekommen. Ich drücke allen Händlern und Selbstständigen die Daumen, dass sie alle durch die schwere Zeit kommen.

Tag 30, Coronakrise, Kirschblüte

Ich wünsche Euch und Euren Familien ein schönes Wochenende. Wir verbringen unsere Flitterwochen im Garten. Es ist herrliches Wetter. Auch die Kirschen blühen prächtig und die fleißigen Bienen sind dabei, die Kirschblüten zu bestäuben. Überall duftet es herrlich.

Tag 31, 32, 33, Coronakrise, Flitterwochenende zu Hause

Wir haben unser Wochenende komplett zu Hause im Garten verbracht. Die Sonne schien in vollen Zügen. Ich habe mir auch einen ganz leichten Sonnenbrand zugezogen.

Wir zählen zu den Fischessern. Für uns gibt es ein- bis zweimal die Woche ein Fischgericht.

Gestern hat es Seelachs, Bratkartoffeln, Gurkensalat und Algen gegeben. Den Seelachs habe ich vorher 8 Stunden in ein Olivenöl mit Knoblauchzehen eingelegt, dazu habe ich noch Kräuter zugegeben und Zitrone. Es hat einfach lecker geschmeckt.

Tag 34, Coronakrise, Walking, Garten, Bücherliebe

Ich wünsche Euch allen einen wunderschönen Dienstag. Heute Morgen bin ich schon im Wald spazieren gewesen. Es war am Ruppiner See heute Morgen sehr windig und kalt. Als ich in den Wald einbog, war mir gleich etwas wärmer. Ich atmete die Waldluft tief ein und lauschte den Vögeln zu.

Ein gutes Buch lesen tut mir gut. Das Buch Der Brotmacher von dem Bäckermeister Plentz aus Schwante kann ich Euch sehr empfehlen. Er hat mir ein Exemplar zur Verfügung gestellt. Nun komme ich endlich einmal dazu, ihm ein riesiges Lob auszusprechen. Er beschreibt sehr authentisch die Geschichte seiner Familie und auch über Liebe, Glück und Glauben. Vielen lieben Dank für ein sehr gelungenes Buch.

Tag 35, Coronakrise, Ergometer auf der Terrasse, Gartenfeeling und Brandenburg Preußen Museum, 22.04.2020

Das Brandenburg Preußen Museum eröffnet ab heute wieder ihre Türen.

Blütenträume in unserem Garten. Überall duftet es herrlich. Die Bienen summen.

Das Leben mit ganz anderen Augen sehen, man ist sensibler für viele kleine Dinge und sehr dankbar dafür, dass es einem so gut geht.

Bitte bleibt alle schön gesund.

Tag 36, Coronakrise, Walking, Schutzmaske, Cabrio fahren, Obi und Gartenparadies

Ich wünsche Euch allen einen schönen Abend. Ich habe den Tag heute wieder in vollen Zügen genossen. Am frühen Morgen bin im Wald spazieren gewesen. Als ich nach Hause kam, bereitete ich das Frühstück für meine Familie vor.

Um 11:00 Uhr kam eine Freundin zu mir und schenkte uns 2 selbstgemachte Schutzmasken. Ich habe mich sehr darüber gefreut. Wir unterhielten uns noch eine ganze Weile miteinander. Vielen lieben Dank liebe Sabine D.

Liebe Andrea, herzlichen Glückwunsch zum lebensentscheidenden Schritt in ein neues und sicherlich wunderschönes Leben. Der Baum als Hintergrund verleiht dem Bild einen starken symbolischen Wert. Ich muss da sofort an Puhdys' Lied "Alt wie ein Baum …" aus dem Jahre 1976 denken, denn sowohl das Lied als auch Baum hinter euch haben Generationen überlebt – wenn das kein gutes Zeichen ist!

Lieber Georg, wir haben uns gerade riesig über Deine Zeilen gefreut. Wir sind zu Tränen gerührt. Ich denke auch sehr oft an unser gemeinsames Pilgern im vergangenen Jahr. Da haben wir unsere Verbindung zur Natur und gerade zu den Bäumen sehr gespürt. Auch erinnere ich mich an die vielen tollen Gespräche mit Dir und den anderen aus der Gruppe. Vielen lieben Dank, wir waren ein ganz tolles Team beim Pilgern gegen Krebs 2019.

Tag 37, Coronakrise, Walking, Gartenfeeling, Terrasse bepflanzt

Heute bin ich wieder eine Runde zum Walking gewesen. Wir haben uns heute den restlichen Tag in unserem Garten aufgehalten. Die Terrasse wurde von uns neu bepflanzt.

Tag 38, 39, 40, Coronakrise, Dienstag, den 28.04.2020

Gedanken
Gott verlässt keinen, der ihm treu ist, und er wird auch euch nicht verlassen, wenn Ihr euch an ihn haltet.

Gebet
Wir sehnen uns nach diesem Brot, das uns ganz satt

macht, nach dem Wasser, das unseren Durst löscht, nach der Beständigkeit, die uns beides schenken kann. Hilf uns zu solchem Glauben.

Tag 41, Coronakrise, Waldbaden, Cabrio fahren und Baum Yoga

Heute Abend habe ich mir noch eine Sendung auf RTL 2 angesehen. Hier und jetzt. Die Sendung hat mir sehr gefallen. Es wurden Claudia und ihr Peter interviewt. Ich kenne Claudia durch Facebook und auch sie ist unheilbar krank und hat Knochenmetastasen. Diese Erkrankung verbindet uns alle sehr.

Ich habe mich heute Nachmittag das erste Mal in meinem Leben zum Baum Yoga mit einer Bekannten verabredet. Wir haben uns unter Einhaltung der Abstandsregelung unter einer Birke im Grünen getroffen. Es ist eine ganz tolle neue Erfahrung, die ich heute gemacht habe.

Die Birke steht für Neuanfang und Lebensfreude…

Wir haben uns zum Schluss noch ein Lied rausgesucht und danach getanzt.

Heut ist ein wunderschöner Tag, die Sonne lacht uns so hell und wie ein lichter Glockenschlag tönt es aus lockender Ferne…

Ein Text von meiner lieben Gabi, die ich in meiner Krebssportgruppe kennen gelernt habe. Es beschreibt sehr gut, wie wir Patienten uns mit der Fatigue fühlen.:

Es ist nicht einfach zu erklären wie es ist mit diesem Erschöpfungssyndrom. Vor meiner Erkrankung konnte ich zum Beispiel 10 Tage Durcharbeiten voll Konzentriert, wenn ich dann frei hatte habe ich den 11 und 12 Tag alles aufarbeiten was zu Hause liegen geblieben ist und dann erst kam die Erschöpfung. Jetzt kommt sie ganz plötzlich irgendwann am Tag ohne Vorwarnung und dann ist die Kraft und Konzentration von einer Minute auf die andere weg. Das erst einmal um den Zustand irgendwie zu Erklären. Jetzt zum Sport der ist für mich auch sehr wichtig aber für mich muss mehr auf den Menschen geachtet werden denn wenn man einen Jungen motivierten Trainer hat der eine Gruppe hat, die unterschiedlicher nicht sein kann Alter in der Behandlung nach der Therapie und so weiter aber für alle den gleichen Trainingsplan auch wenn immer darauf hingewiesen wird das jeder nur das machen soll was ihm gut tut ist die Praxis aber anders. Jeder hat einen gewissen Ehrgeiz und geht doch oft mit seinen Kräften drüber, weil man mit der Gruppe mithalten möchte und unbewusst sich selbst was beweisen möchte. Ich würde mich freuen, wenn Gruppen ein wenig aufeinander abgestimmt werden könnten, weil sonst die Motivation auch schnell vorbei sein könnte. Man möchte ja die Gruppe nicht aufhalten. Ich weiß so etwas ist schwer umzusetzen da oft die Kapazitäten fehlen. Schön wäre, wenn der Onkologe schon der erste Motivator wäre, um Patienten für Sport und Ernährung zu begeistern. Denn oft ist es immer noch die Unwissenheit der Patienten das man mit Sport und Ernährung die Behandlung gut unterstützen kann. Ein Tag vor der Chemotherapie moderaten Sport kann die Chemo verträglicher machen. Leicht mediterrane Kost viel trinken. Und. … Also für mich ist ein aufgeklärter Patient sehr wichtig. Das könnte zum Beispiel während man am Tropf sitzt möglich durch einen Berater man wäre abgelenkt von der Chemo und würde nicht so in sich reinhören. Mir ist die Chemo immer besser bekommen, wenn ich einen Gesprächspartner hatte. Bin am Überlegen ob ich so etwas Ehrenamtlich in Onkologie anbieten sollte. Aber oft sind die Onkologen für so etwas immer noch nicht offen. So liebe Annelie das lag mir auf dem Herzen. Ich finde jedenfalls toll was du machst als junge Frau wie sehr dich dieses Thema beschäftigt mach weiter so. Alles liebe Gabi

Tag 42, Coronakrise, Walking

Ich wünsche Euch allen einen wunderschönen Tag.

Ich bin heute schon sehr früh aufgestanden und im Wald spazieren gewesen. Die Morgenluft finde ich so frisch und klar. Auch habe ich die Bäume umarmt und dabei tief durchgeatmet.

Tag 43, Coronakrise, 1.Mai

Ich wünsche Euch und Euren Familien einen schönen 1.Mai.

Tag 44, 45, 46, Coronakrise, Wochenende und Wochenbeginn

Ich wünsche Euch allen einen schönen Start in die neue Woche. Das vergangene Wochenende ist wieder sehr schnell vergangen. Es gab endlich einmal den lang ersehnten Regen. Die Natur atmet auf und freut sich. Heute früh bin ich schon sehr früh walken gewesen.

Tag 47, Coronakrise, Bewegung an der frischen Luft, Maigedanken

Gestern Nacht habe ich von der Pilgerwanderung im letzten Jahr geträumt. Gestern genau vor einem Jahr haben wir uns in Frankfurt Oder in der Marienkirche getroffen. Dort haben wir den Pilgersegen bekommen. Gestern Nacht hörte ich den Gesang der Nachtigall bei uns im angrenzenden Park: Alte Gutsgärtnerei. Da kamen in mir die Erinnerungen von der ersten Nacht unserer Pilgerwanderung hoch. Die erste Nacht übernachteten wir in der Orgelwerkstatt in Sieversdorf. Auch dort lauschte ich der Nachtigall. Ich bin dankbar und glücklich, dass ich im letzten Jahr bei der Pilgerwanderung mit dabei war. Hier habe ich ganz tolle Menschen kennengelernt.

Ich wünsche Euch allen einen wunderschönen Tag in der Natur.

Glück ist Selbstliebe.

Glück ist ein Gefühl.

Oft kommt das Glück durch eine Tür herein, von der man gar nicht wusste, dass man sie offengelassen hatte. John Barrymore

Tag 48, Coronakrise, Hoffnung, 06.05.2020

Hoffnung auf bessere Zeiten

Leider habe ich gestern Abend erfahren, dass Annette Rexroth Fircks nach 22 Jahren krebsfrei, erneut an einer aggressiven Art von Krebs erkrankt ist. Ich wünsche ihr ganz viel Kraft und Mut in der nächsten Zeit.

Text von Annette:

„Ihr Lieben, heute melde ich mich bei euch mit einer traurigen Nachricht. Seit zwei Wochen weiß ich, dass ich erneut an Krebs erkrankt bin. Ich habe keine Metastasen, den Brustkrebs habe ich 22 Jahre überlebt. Es ist ein neuer, aggressiver und sehr gemeiner Krebs, der mich an ganz anderer Stelle getroffen hat. Nach dem ersten großen Schock und etlichen durchgeweinten Tagen und Nächten habe ich mich – wie damals vor 22 Jahren mit meiner Brustkrebserkrankung – wieder für das Leben entschieden. Ich werde alles tun, um noch eine Weile auf dieser Welt sein zu dürfen – ich lebe so gerne. Und ich hoffe, dass mir das gelingen mag, gemeinsam mit den Ärzten und allen Helfern im Krankenhaus und vor allem gemeinsam mit meiner Familie und meinen Freunden, die mich zur Corona Zeit zwar nicht besuchen werden können, aber die mir liebevolle Gedanken und gute Energien schicken. So steht mir kommenden Montag eine ziemlich große Operation bevor. Chemotherapie werde ich leider auch noch bekommen. Ja – Schicksal das Zweite. Meine Stiftung ist auch während meiner Abwesenheit im guten Fahrwasser. Vorstand und Beirat sind halt vorübergehend mehr im Einsatz und mein tolles Team im Norden, Frau Gipser und Frau Spielvogel stehen den betroffenen Familien wie auch Ehrenamtlichen und allen Förderern mit Rat und Tat zur Seite. Liebe Grüße alles Liebe Annette

Tag 49, Coronakrise, Omas 110 Geburtstag, sie wäre heute 110 Jahre alt.

Heute bin ich wieder ganz früh aufgestanden und mit einer Freundin durch den Wald gewalkt. Dabei gingen wir wieder zu unseren Bäumen und umarmten sie. Wir können dabei so herrlich Kraft tanken.

Heute Vormittag nach dem Frühstück habe ich dann zu Hause klar Schiff gemacht: gesaugt und gewischt. Als ich damit fertig war pflückte ich in unserem Garten einen schönen Blumenstrauß mit Flieder, Vergissmeinnicht, Löwenmaul, Goldregen, Maiglöckchen für meine Omis Grab. Meine Omi wurde heute genau vor 110 Jahren geboren. Ich brachte den Blumenstrauß an ihr Grab zum Friedhof und auch an meinem Vaters Grab sah ich nach dem rechten. Mein Opa ist in Danzig im Krieg gefallen. Meine Oma hatte eine schwere Zeit durchgemacht. Sie hat 3 Kinder alleine durch die schwere Kriegszeit gebracht. Sie hat sich nie beklagt und hat alles tapfer hingenommen. Ich denke manchmal, dass sie alle eine schwere Zeit durchgemacht haben.

Ich fragte mich, was sie wohl in der jetzigen, heutigen Situation in der Coronakrise gemacht hätten. Meine Oma ist damals aus Hinterpommern mit 3 kleinen Kindern geflohen. Ich bewunderte sie immer dafür, dass sie aus dem wenigen was sie hatte so viel gemacht hat. Sie war eine alleinstehende Frau, die 3 Kinder großgezogen hat. Sie war eine sehr fleißige Frau, die in der Landwirtschaft gearbeitet hat. Sie hat sich auch nicht unterkriegen lassen.

Auch mein Vati war ein ganz fleißiger, toller Mann. Auch er ist als Kind von Hinterpommern aus Horst im Kreis Stolp zusammen mit seinen Geschwistern und der Mutter geflohen. Sie bauten sich in Vorland Mecklenburg-Vorpommern eine neue kleine Gärtnerei auf. Sie hielten alle zusammen. 1969 zogen wir nach Wustrau. Mein Vater leitete hier in Wustrau eine kleine Gärtnerei. Er setzte sich sehr auch für seine Mitarbeiterinnen ein. Auch sorgte er mit dafür, dass auf dem Schornstein des Heizhauses der Gärtnerei eine Nisthilfe für Störche gesetzt wurde. Die Störche kommen jedes Jahr wieder und sehr oft in vielen Jahren gibt es auch Nachwuchs.

Über 300 Jahre ist unsere Dorflinde auf dem Wustrauer Friedhof alt.

Tag 50, 51, Coronakrise, Gartenidylle

Ich wünsche Euch allen ein schönes Wochenende mit Euren Lieben voller Lebensfreude.

Tag 52, Coronakrise, Muttertag

Ich wünsche allen Müttern aus nah und fern eines wunderschönen Muttertages. Lasst euch von euren lieben Kindern und Angehörigen verwöhnen.

Text von Annette, eine tolle Mutti und Wegbegleiterin
Ihr Lieben ich genieße noch einmal die Momente zu Hause und erde mich mit dem Leben, bevor es am Montag losgeht. Letzte Nacht habe ich eure liebevollen, mutmachenden und berührenden Kommentare gelesen, und ich bin einfach überwältigt von dieser, eurer großen wohltuenden Resonanz. Ich schaffe es gerade nicht, persönlich auf Eure Gedanken und Fragen einzugehen, das werde ich aber tun, sobald ich den „Raum" dafür habe. Eure Wünsche, Gedanken und Gebete sind in meinem Herzen, und kurz bevor ich am Montag in die Narkose geschickt werde, werde ich sie in jede Zelle meines Körpers senden. Sie werden mich tragen, stärken und in Geborgenheit wiegen.
Viele haben mich gefragt, welchen Krebs ich denn

nun habe? Darüber werde ich später mal sprechen, zunächst lass ich ihn mir herausnehmen – er soll auch nicht zu viel Aufmerksamkeit bekommen.

Und viele von euch sind erstaunt oder gar verunsichert, dass ich noch einmal so schwer krank werden musste, obwohl ich doch so gesund lebe. Für das warum finden wir nicht die Antwort, aber ich bin mir ziemlich sicher, dass meine Liebe zum Leben und die stete Fürsorglichkeit zu mir selbst im hohen Maße bis zum heutigen Tag dazu beigetragen haben, dass ich die Therapien alle gut überstehen werde. Ich bin voller Lebensmut.

Tag 53, Coronakrise, Vielen Dank für Eure Glückwünsche zu unserer Hochzeit

Wir danken euch von Herzen für eure Glückwünsche zu unserer Hochzeit und all eure lieben Geschenke. Es war ein unvergesslicher Tag, an den wir täglich mit klopfenden Herzen zurückdenken. Danke, dass ihr unseren Hochzeitstag unvergesslich gemacht habt. Andrea und Karsten

Tag 54, Coronakrise, Vielen Dank an Annelie Voland, 12.05.2020

Liebe Annelie Voland,

vielen lieben Dank für dein Post. Du hast es auf den Punkt gebracht. Auch vielen Dank für dein riesiges Lob. Du gehörst für mich auch zu den ganz tollen, inspirierenden Menschen dazu. Seitdem ich dich im Netz kennengelernt habe, folge ich dir gern. Und als du bei der DKK 2018 direkt auf mich zu gekommen bist, habe ich mich sehr gefreut. Auch beim #pilgerngegenkrebs konntest du uns alle sehr inspirieren zum Mitmachen. Und dein ganz persönlicher Besuch bei mir zu Hause und auch der gemeinsame Besuch des Seefestivals und dein Besuch in unserer Sportgruppe zusammen mit den Wandermädels. Dann fällt mir noch unser Pilgern zwischen Himmel und Teufelsberg und unser gemeinsames Adventspilgern mit Advendssingen ein. Ich bekomme gerade Gänsehaut. Ich kann noch so viele tolle Sachen aufzählen, die wir alle zusammen gemacht und erlebt haben. Gemeinsam sind wir stark und ein ganz tolles Team.

Hier findet ihr ganz die ganz persönlichen Gedanken von Annelie Voland. Sie hat unsere Pilgergruppe damals zusammen mit Petra B. angeleitet. Vielen lieben Dank das ich bei der Pilgerwanderung dabei war.

Die drei Grundsätze niemals aufzuhören.

„Ich glaube das wird mal wieder ein etwas persönlicherer Post, ich habe gerade das Bedürfnis mich mitzuteilen, viele von Euch folgen mir ja bereits Jahre und ich hoffe immer dazu anzuregen, andere Perspektiven zu verstehen versuchen und Meinungen anderer anzuhören. Nun… Lasst mich erzählen. Ein Thema, mit dem ich immer mal mehr oder weniger zu kämpfen habe. Manchmal ist es nämlich ziemlich schwer "Gutes" zu tun. Das merke ich gerade unglaublich doll, denn an jeder Ecke stehen Fallen und Löcher, liegen Steine oder stehen Menschen, die dir die Handbremse ziehen. Ich bin das schon fast gewohnt, mir ist das häufiger passiert, dass mir Ideen oder Projekte "geklaut" wurden. Leute fühlen sich manchmal nicht abgeholt, vielleicht auch gekränkt, wenn ich sie nicht persönlich darum bitte in ein Projekt einzusteigen oder zu partizipieren. Was dann passiert? Ja, dann wird geredet. Oh ja, viel geredet! Aber weißt du was ich da inzwischen denke: F** Y! Trauen sich die Leute, die reden, selbst Ideen und Projekte ins Leben zu rufen? Die traurige Wahrheit ist oft: Nein. Oder noch besser, es steht ein kommerzieller Gedanke dahinter. Oh ja, lass uns das Projekt machen, um mein Business aufzubessern. Ich meine, ja Geld brauchen wir alle zum Leben, aber der Mensch sollte niemals zu einer Handelsware werden. NEIN, wir machen die Projekte der Sache wegen, weil wir Gemeinschaft fördern und Menschen (auch wenn zurzeit nur online) zusammenbringen wollen. Aber wem sag ich das, vielleicht kennt ihr das ja selbst. Du machst etwas, was andere nicht machen oder sich nicht trauen und Schwupps – gibts Kritik. Weil du anders bist. Verdammt, ja ich bin anders und inzwischen fühl ich mich sehr gut damit. Ach und ich habe inzwischen Menschen getroffen, die auch anders sind, das macht es noch mehr anders und bewundernswert. Naja jedenfalls hatte ich heute eine kurze Phase der Unsicherheit. Ist das alles richtig so, kannst du das machen? Das macht ja sonst keiner so….

Aber weißt du was mich wieder zurückgeholt hat? So doof es klingt, die Informationsschrift meines Promotionsstipendiums, Seite 2, Absatz IV.: Für was ich als Stipendiatin des deutschen Volkes stehe…

den Willen und die Fähigkeit, etwas Besonderes zu leisten,

die Freude daran, das eigene Leben verantwortungsvoll und offen für Neues und Ungewöhnliches zu gestalten, die Bereitschaft, sich über die persönlichen Belange hinaus zu engagieren.

Gut, dass ich diesen drei Grundsätzen die letzten 7 Jahre gefolgt bin und so viele wundervolle Projekt auf die Beine stellen durfte. Zahlreiche Workshops, Vorträge, Sportkurse, Events, mein Pilgerprojekt inklusive tausender Euro Spenden und Preisgelder für verschiedene Vereine. Alles für betroffene Personen, in der Hoffnung Ihnen etwas wertvolles für Ihr Leben mitgeben zu können. Schöne Erinnerungen, Erfahrungen, Liebe. Klingt das übertrieben?
Meine drei Grundsätze niemals aufzuhören. Der Weg war nie einfach, wird er auch nicht, fertig, ich bin mir dessen bewusst. Deshalb, ich mache einfach weiter und sollen die Finger auf mich zeigen, ich habe mich wenigstens getraut, anders zu sein, Initiative zu zeigen, Verantwortung zu übernehmen und mich über meinen Horizont hinaus für andere Menschen zu engagieren.

Da frage ich mich nur: Wann hast du dies das letzte Mal getan? Oder die Personen, die von dir reden? Ja lasst uns alle erstmal selbst an die Nase greifen, dann reden!

Falls du etwas Inspiration brauchst, ich kenne da eine Hand voll wundervoller Menschen, die mit Herz und Blut hinter ihren Projekten und Initiativen stehen. Und ja, ich sehe Euch alle und ihr seid meine große Inspiration!
think-pink. club, Projekt Heldencamper, Bewegte Frauen, Andrea Voss, Gabi König, Segelrebellen, Jakobusgesellschaft Brandenburg-Oderregion e.V., Ricarda Raabe, Petra Bischof, Michael Weiss, Mädels Abende und meine aller liebsten Follower, die mir hier seit langen Kommentaren setzen und Wissen, Leben und Emotionen teilen. Ich weiß Eure Arbeit und Zeit sehr zu schätzen!

Gut, ich will Garnichts mit diesem Post erreichen, außer Euch zu ermutigen ANDERS ZU SEIN! Bitte zeige Initiative, zeige Mut und denke über den Tellerrand. Kritik ist wichtig, aber sie sollte von den richtigen Personen kommen. Schau genau hin, überlege wem du folgst und wem du mit ans Steuer nimmst. Manchmal ist weniger mehr, sonst drehen wir uns schnell im Kreis.

In voller Bereitschaft,"

Eure Annelie

Vielen lieben Dank liebe Annelie, dass Du diesen Post geschrieben hast. Du sprichst mir aus der Seele.

Weniger ist mehr.

Tag 55, Coronakrise, Qi Gong bei mir zu Hause

Ich habe auch das Qigong für mich entdeckt. Die sanften, fließenden Bewegungen des Qi Gong fördern meine Klarheit und Flexibilität meiner Gedanken, tun meiner Atmung und Verdauung gut und stärken mein Herz-, Kreislaufsystem. Ich habe es in meinen Tagesablauf integriert und gönne mir täglich 10 bis 20 Minuten.

In Ruhe sei wie ein Mammutbaum. In Bewegung sei wie die Wolken und das Wasser. Wenn das Qi frei und üppig kreist, dann werden im Schnee die Blumen blühen. QI Gong Weisheit

Ich habe mir gerade einen Termin für die nächste Zometainfusion Anfang Juni geholt. Auch ein Rezept für meine Letrozol Tabletten habe ich bekommen. Ich bin so froh, dass es geklappt hat.

Tag 56, 57, Coronakrise, Termin für Zometainfusion, Gaststätten öffnen wieder

Ich wünsche Euch allen einen schönen Donnerstag und Freitag. Ich habe mir gerade einen Termin für Anfang Juni für die Zometainfusion geholt. Ich bin froh, dass ich den Termin bekommen habe. Als ich Anfang März die letzte Infusion erhalten hatte, habe ich keinen neuen Termin erhalten. Jetzt bin ich sehr froh, dass ich Anfang Juni rankomme. Auch ein Rezept für Letrozol habe ich erhalten.

Ich wünsche Euch allen eine Gute Nacht. Ich habe den Tag heute sehr viel an der frischen Luft verbracht. Den krönenden Abschluss bildete eine Meditation.

Mantra:

Asatoma satgamaya Tamasoma Jyothirgamaya Meithurma Amruthamgamaya

Tag 58, Coronakrise, Gartenarbeit, Pilgerwanderung in Gedanken

Heute wäre unsere Pilgerwanderung los gegangen. Aufgrund von Corona ist die Pilgerwanderung verschoben worden. Wir hoffen alle, dass wir die Pilgerwanderung vom Pilgern gegen Krebs so schnell wie möglich nachholen können. Die Pilgerwanderung wäre von Eisenach nach Marburg vom 16.5.20 – 22.5.20 gegangen.

Die Frauenselbsthilfe nach Krebs e.V. hat diese Pilgerwanderung organisiert.

Anfang des Jahres haben wir uns zu einem Kennenlerntreffen in Wabern getroffen.

Gemeinsam werden wir täglich Strecken zwischen 12 und 23 km gehen, gemeinsam lachen, schweigen und vielleicht auch weinen. Wir werden unser Gepäck selber tragen und in Herbergen übernachten.

Wir wollen mit unserer Tour den offenen Umgang mit dem Thema Krebs fördern. Wir wollen aber auch ganz bei uns sein und nach der Therapie wieder Kraft und Mut für das Betreten neuer Wege in uns erwachen lassen.

Wenn nichts mehr geht, geh los!

Die 1 Etappe sollte uns von Eisenach nach Creuzberg über 16 km führen.

In Gedanken werden wir die Reise durchgehen und versuchen eine Vorstellung von den Schauplätzen zu bekommen.

Tag 59, Coronakrise, Tag 2 der Pilgerwanderung würde uns heute von Creuzburg nach Datterode führen.

Guten Morgen in die Runde, ich bin heute schon sehr früh wach gewesen. Die Nachtigall hat mich geweckt. Genauso, war es im letzten Jahr auch nach der ersten Nacht beim Pilgern in der Orgelwerkstatt Scheffler. Im letzten Jahr bin ich ja die Nordroute von Frankfurt Oder nach Berlin mitgelaufen. Die erste Weg Route ging von Frankfurt Oder nach Sieversdorf. Unsere gestrige Etappe ging gestern von Eisenach nach Creuzburg. Und heute sind wir dann ja von Creuzburg nach Datterode unterwegs. Ich bin gespannt auf die 2.Etappe. Buen Camino. Eure Andrea

Tag 60, Coronakrise, Datterode Montag 18. Mai 2020 3. Etappe Datterode – Burghofen ca. 23 km

Ich wünsche Euch allen einen schönen Start in die neue Woche. Heute wäre ich zusammen mit den anderen Pilgerinnen den Jakobsweg von Datterode nach Burghofen gelaufen. In Gedanken bin ich bei den anderen Pilgerinnen, die mich begleitet hätten.

Ich versuche mir jeden Tag die Wegstrecke vorzustellen.

Heute früh bin ich dann wieder sehr früh aufgestanden und machte mich auf den Weg durch den nach Altfriesack zum morgendlichen Walking. Das sind hin und zurück ca. 5,5 km. Unterwegs umarme ich dann meine beiden Bäume. Ich habe meine beiden Bäume Namen gegeben: Sie heißen Pickeldie und Frederick. Die Bäume umarmen gehört für mich zu meinem morgendlichen Ritual mit dazu. Ich spreche dann auch mit den Bäumen. Das spendet mir Kraft und Mut für den Tag. Auf dem Rückweg hielt ich noch an der Mühle an und mähten den Schafen zu. Sie kamen gleich angerannt. Ich hatte etwas Brot dabei und fütterte sie damit. Sie ließen es sich schmecken.

Tag 61, Coronokrise, 4.Etappe von Burghofen nach Spangenberg 19 km

In Gedanken gehe ich jeden Tag die Pilgerwanderung durch. Lore schickt uns von jeder Etappe eine Geschichte. Diese Geschichte bekomme ich an jedem Morgen in meinem E-Mail-Postfach. Ich freue mich Suche den Weg, der dich durch alle Ablenkungen begleitet. Sieh nach oben und orientiere dich am Himmel. Lass dich vom Licht leiten und mache den Kopf frei für neue Wege die dir eine andere Richtung geben und deinen Kopf mit Ideen füllen.

Tag 62, Coronakrise Etappe 5 von der Pilgerwanderung von Eisenach nach Marburg

Spangenberg Mittwoch 20. Mai 2020, 5.Etappe Spangenberg – Ostheim ca. 18 km
Beim Frühstück stärken wir uns und im Morgenkreis erklingt unser Lied, schön dass wir viele gute Sängerinnen unter uns haben, mit Lore ist das so ein Ding (singen kann sie nicht.).
Vom Burgsitz gehen wir die Rathausstraße und Klosterstraße talwärts. In der Straße „Neustadt" steht die Kapelle St. Elisabeth und St. Nikolaus, doch wir gehen weiter zum Ortsausgang auf den Radweg R12 nach Mörshausen 5 km. Es geht am Flüsschen Pfieffe entlang auf dem Enten schwimmen., wir hören Vogelgezwitscher.

Etwas Typisches aus der Gegend:
In der Traditionssprache werden die Mörshäuser „Rewwester" genannt, das ist ein Topf mit zwei Griffen und einem Ausgießer. Hierin wurde Milch aufbewahrt und zur Herstellung von Butter und Käse genutzt....

In Gedanken bin ich jeden Tag bei der Pilgerwanderung dabei. Ich hoffe sehr, dass wir unsere Pilgerwanderung im Herbst nachholen können.

Kommt alle gut durch den Mittwoch.

Tag 63, Coronakrise, Etappe 6 unserer Pilgerwanderung

Ein wunderbarer Morgen, frische Luft und klarer Himmel. Kein Flugzeug. Wie lange noch? Wie lange noch keine große Hektik, auf Autobahnen freie Fahrt, regionales Essen schätzen? Wie lange noch bis uns der Alltag wieder einholt? Auch unsere Natur hat sich eine kleine Auszeit gönnen können. Wir reden die ganze Woche darüber. Halten Abstand. Wir sind in der frischen Luft. Es liegt alleine an uns selbst wie wir unsere Lebenszeit einteilen. Heute freuen wir uns auf einen entspannten Tag. Da bin ich dabei. Freue mich auch schon auf Giselas Garten. Ich überlege schon ob ich nicht noch einen Tag in der schönen Stadt Marburg bleibe. Schon lange her, als ich dort war. Wünsche euch einen guten Tag.

Text von Lore zum heutigen Pilgertag in Gedanken:

Pilgerwanderung Tag 6 : Ostheim Donnerstag 21. Mai 2020, 6. Etappe Ostheim -Homberg/Efze 12 km

Mit den Autos geht es von Homberg-Efze– Ziegenhain 20 km.

Guten Morgen ihr Lieben!

Wir sitzen bei herrlichem Wetter im Garten und lassen uns das Frühstück schmecken. Unsere Nacht war erholsam und wir freuen uns auf eine kurze Etappe, durch Himmelfahrt sind viele Leute unterwegs. Alles wieder gepackt.

Von der Ostheimer Kirche nordwestlich über den Feldweg 2 km nach Mosheim. Kleiner Abstecher in die Metzgerei Hain, holen uns dort noch Proviant und weiter geht's. Auf der Kohlenstraße und Kehrenbergstraße aus dem Dorf hinaus, zum Feldweg hoch an den Waldrand.

Wir laufen den Waldweg geradeaus und erfreuen uns an der Natur. Am großen Elisabethpfad – Kreuz vorbei nehmen wir einen Fußpfad zur Straße rechts nach Hombergshausen. Dort gehen wir nur durch, nach links auf den

Ruhlaufweg, dann rechts auf einen Feldweg. Der Elisabethpfad folgt dem Wanderweg X2 vorbei an Grünhof und über den Mosenberg mit dem Segelfluggelände nach Homberg/Efze. Wir machen eine Pause und treffen Hans-Wilhelm, Bernd, Marlies und Karl in einer Eisdiele. Jeder gönnt sich einen großen Eisbecher, das haben wir uns verdient. Nun verteilen wir uns auf die Autos und fahren die 20 km nach Ziegenhain. Dort übernachten wir im Gemeindezentrum, Hans-Wilhelm hat Feldbetten besorgt, Marlies stellt die Bettwäsche bereit, es kann geschlafen werden. Zusammen gehen wir zu Giselas Garten. Wir grillen und schnacken; die drei Männer bedienen uns; es ist ein schöner warmer Abend. Zu später Stunde geht es Abmarsch ins Gemeindezentum. Die kurze Strecke heute, war eine willkommene Abwechslung für unsere Blasen an den Füßen oder?

Vielen lieben Dank liebe Lore, für Deinen sehr guten Text. So können wir uns alle in Gedanken sehr den 6.Pilgertag vorstellen.

Tag 64, Coronakrise, 7. Etappe von der Pilgerwanderung

ETAPPE Freitag. 22.5.2020. Text von Margitt:

Heute Morgen ist es ziemlich drückend und schwül. Ich liege im Bett wie ein nasses Handtuch. Die Frühaufsteher sind gewaschen und gekämmt. Meine Haare stehen noch zu Berge. Wenn ich mich jetzt nicht beeile sind sie schon alle in Gieselas Garten und frühstücken. Es hat sich schon herumgesprochen, dass ich ein extrem ausgebildetes Schlafgen habe. Als ich in den Garten komme, singen schon alle ein Frühlingslied. Was bin ich doch für eine Trödeltante. Stadtallendorf steht heute auf unserer Route. War da nicht mal der Hessentag? Und Amöneburg? Ein wunderschön gelegener Ort! Der Höhepunkt am heutigen Tag hat einen Namen. In der Pilgerkirche Kleinseelheim habe ich vor ca 8 Jahren einen Pilgersegen erhalten. Kenne ich mich hier noch aus? Ein schönes Fleckchen Erde. Glaube auch dort übernachtet zu haben. Ich lasse mich überraschen. Wenn ich nicht mehr laufen kann müsst ihr mich tragen oder im Karren fahren. Da will ich hin. Mit viel viel Wasser dabei laufen wir los. Was seit ihr alle noch soooo fit.

Ich wünsche Euch allen einen schönen Freitag und einen schönen Start ins Wochenende.

Tag 65, Coronakrise, 8. Etappe Pilgern nach Marburg

Vielen lieben Dank an Lore, Gisela und Margit, vielen lieben Dank, dass ihr uns in Gedanken auf die Pilgerwanderung mitgenommen habt. Ich habe in den letzten 8 Tage immer sehnsüchtig auf Eure ganz persönlichen Gedanken zur Pilgerwanderung gewartet. Also ich kann nur sagen, dass Euch das sehr gelungen ist, mit uns eine Fantasie Pilgerwanderung zu machen. Nun hoffe ich natürlich von ganzem Herzen, dass wir diese Pilgerwanderung nach der Coronakrise gemeinsam durchführen können. Bitte bleibt alle gesund.

Text von Margit zum heutigen Tag:

Unser Ziel heute Marburg. Ich sitze zuhause noch beim Frühstück und lasse in Gedanken die letzten Tage an mir vorüberziehen. Danke schon jetzt für die gute Planung, das Essen, die Unterkünfte. Die Informationen über unsere Pilgertag. Heute Morgen bin ich ganz bei mir und traurig, die Gemeinschaft zu verlassen. Marburg ist schon vor der Haustür. Ein Weg noch von meinem Wohnort Limeshain bis zur Mittelalterstadt Büdingen. Unser schönes Hessenland. Was gibt es alles zu sehen. Wer kennt die Eckchen, die Täler und Sehenswürdigkeiten? Marburg, eine der schönsten und liebenswerten Städte. Oder hier unsere Keltenwelt am Glauberg. Darf ich euch einladen uns zu besuchen? Kleine Gruppen dürfen in das Museum. Der Außenbereich ist weitläufig. Meldet euch bei mir. Vielleicht machen wir auch ab und an eine Information über eine unserer Wanderungen und wir lernen, bis wir uns treffen, auch andere Gegenden kennen. Was denkt ihr? Heute weiß ich schon, dass mir morgen Dein Bericht, liebe Lore, fehlt. Mit diesen Gedanken an euch bleibt alle alle gesund, haltet Abstand. In Erwartung euch kennenzulernen. Liebe Grüße von Margit aus Limeshain.

Tag 66, Coronakrise, Sonntag

Ich wünsche Euch allen einen schönen Sonntag mit Euren Lieben. Ich schaue mir gerade den ZDF - Gottesdienst an. Es wurde gerade das Lied gesungen:

Meine Zeit steht in Deinen Händen...

Du bist nicht allein., ich bin nicht allein, wir sind nicht allein...

Ihr seid nicht allein.

Ich bin da und Du bist nicht allein...

Ich sehe was, was du nicht siehst und ich bin bei dir sagt Gott.

Tag 67, Coronakrise, Montag

Ich habe heute mit der Meditation begonnen

Impuls für den Tag

Gedanken
Aus deinen Augen strahle gesegnetes Licht wie zwei Kerzen in den Fenstern deines Hauses, die den Wanderer locken, Schutz zu suchen dort drinnen vor der stürmischen Nacht. Wenn du auch triffst, wenn du über die Straße gehst, ein freundlicher Blick von dir möge ihn treffen.

Irischer Segenswunsch

Gebet
Leg auf uns deine Hände, Herr, und gib uns deinen Geist. Erfülle und begeistre uns, damit wir heiter das Leben bestehen und fröhlich das tun, was nötig ist.

Tag 68, Coronakrise, Dienstag endlich wieder zum Friseur.

Ich wünsche Euch allen einen schönen Abend. Heute bin ich nach ganz vielen Wochen endlich mal wieder beim Friseur gewesen. Ich habe mir die Spitzen schneiden lassen. Es war ein komisches Gefühl dort mit Maske zu sitzen. Die Haare habe ich mir zu Hause selbst getönt.

Anschließend habe ich den Laden Herr Fontane besucht und habe mir 2 schöne Fontanerosen gekauft und eine Maske mit Neuruppin Motiv. Vielen Dank für das nette Gespräch mit Andrea Weber. neuruppin.net

Tag 69, Tag 70, Coronakrise, Gartenidylle, Fontanerose

Ich wünsche euch alle einen schönen Donnerstag voller Sonnenschein.

Tag 71, 72, Coronakrise, 60.Geburtstage von 2 Freundinnen

Ich wünsche Euch allen ein schönes Pfingstfest.

An den letzten 2 Tagen bin ich jeweils zum 60.Geburtstag von 2 Freundinnen gewesen. Es war ein schönes Gefühl, die beiden mal wieder zu sehen.

Herzlichen Glückwunsch liebe Gabi K. Du bist eine ganz tolle Wegbegleiterin mit der ich gemeinsam lachen und auch weinen kann. Uns verbindet sehr viel und gemeinsam meistern wir unsere Erkrankungen mit allen Höhen und Tiefen. Ich wünsche Dir noch ganz viele Jahre voller Liebe, Glück und Gesundheit.

Liebe Heike A., gestern habe ich auch dir zum 60.Geburtstag gratuliert. Vielen Dank für deine Gastfreundschaft in eurem schönen Garten.

Wir beide haben fast 20 Jahre zusammen in derselben Baufirma Geidel gearbeitet. Ich muss sagen, dass es dort in Langen eine sehr schöne Zeit war.

Tag 73, Coronakrise, Livewalk bei #jetztbewegt

Ich würde diese Dame ja schon fast als Ehrenmitglied bezeichnen. Eine Frau, die so viel Gutes tut und sich immer so viel Mühe mit all Ihren Beiträgen gibt und nie die Lebensfreude und ihr Lachen verliert! Liebe Andrea Voss, von Herzen sage ich DANKE für deine Unterstützung und deine Videos von heute! Diese Nachricht habe ich heute von Annelie Voland erhalten. Ich habe mich sehr darüber gefreut.

Tag 90, Coronakrise, Wochenende

Ich wünsche Euch allen ein schönes Wochenende mit Euren Lieben.

An diesem Wochenende sind wir zu Hause geblieben. Wir haben uns die Zeit im Garten vertrieben.

Es tat uns sehr gut. Wir konnten neue Kräfte tanken.

Tag 91, Coronakrise, Sonntag, Himbeeren, Gartenparadies, Video, Wir sind echt.

Ich habe mich vor kurzem einer Gruppe von Krebs Bloggerinnen und Communitys angeschlossen. Wir haben uns zusammengeschlossen und eine „Wir sind echt" Aktion gestartet.

Hey Du da draußen!! 😃
Unsere „Wir sind echt"-Aktion richtet sich an Euch alle da draußen.
An Euch ihr BloggerInnen und an Euch, ihr Leseratten, ihr geliebten Follower und Communitys. Wir wünschen uns Wertschätzung, Respekt, Achtsamkeit und einen liebevollen Umgang miteinander.
Wir wollen evidenzbasierte Information und wir wollen vor allem:
Wahrheit. Echtheit. Authenzität. Kongruente Botschaften. Wir wollen Geschichten, die das Leben

wirklich schrieb.
Wir rufen zu einem solidarischen Miteinander unter Krebs Bloggerinnen und Communitys auf.
Unser gemeinsames Thema ist viel zu sensibel, um unvorsichtig oder unpassend damit umzugehen.
Das Tabu viel zu groß, um nicht stark an das eigene Verantwortungsbewusstsein zu appellieren.
Daher nehmen wir uns dem Ganzen persönlich an.
Daher engagieren wir uns.
Daher stellen wir uns dazwischen, wenn der Umgang mit der Krankheit und dem Bloggen dem nicht entspricht und sagen: So nicht.
Wir als Kurvenkratzer rufen laut in die Welt hinaus: Wir sehen dich. Wir beobachten dich.
Wir schätzen dich und deine Geschichte, dein Erlebtes, deinen Schmerz und deine Erfolge. Wenn sie echt sind. Denn wir. Wir sind es.
Du kannst dich mit unserer Meinung und unserem Inhalt identifizieren?
Super! Sei so lieb und hilf uns
mit ☑ LIKE, ☑ COMMENT und vor allem ☑ SHARE,
damit wir dem Thema viel Sichtbarkeit geben können.
DANKE ♡ ♡ ♡ ♡!!

WIR SIND ECHT.
Wir sind Krebsblogger.
Wir sind Patienten die Krebs als Lebensumstand erleben, verarbeiten, bekämpfen und unseren eigenen Weg finden, damit umzugehen.

Wir teilen unsere Erfahrung, wir informieren, und schaffen Awareness.
Wir besprechen Probleme, Nebenwirkungen, Sorgen… viele Sorgen… und Herausforderungen.
Aber wir erzählen euch von unseren schönen Erlebnissen, unseren Erfolgen und lassen euch an unserem Hier und Jetzt teilhaben.
Wir Krebsblogger sind Gesichter und Stimmen einer Krankheit.
Wir haben einen Qualitätsanspruch an unsere Inhalte, Sendebewusstsein unserer Community gegenüber und entsprechendes Verantwortungsgefühl
wenn es um die Wahrheitsgehalt in unserer Geschichte geht.

Wir sind

www.kurvenkratzer.at / www.influCancer.com #talkaboutcancer #Krebsblogger #Krebsbloggerin #Gesundheitskommunikation #Kurvenkratzer #InfluCancer

PS: Mehr Info zu uns gibt es
auf www.kurvenkratzer.at
und das Video findest du natürlich auch auf YouTube: https://youtu.be/-bjNbkKNwT4

Tag 92, Coronakrise, Wir sind echt!

 Ich wünsche Euch allen einen schönen Montagabend.

Heute bin ich am frühen Morgen wieder im Wald laufen gegangen und habe dabei schöne Fotos gemacht. Die frische Waldluft tat mir gut.

Dann habe ich heute noch im Garten unser Beet sauber gemacht und gegossen. Jetzt sind sogar die Himbeeren schon reif.

Am frühen Abend war ich dann wieder zum Gute Laune Tanz. Es war wieder ein sehr großer Spaß.

Tag 93, Coronakrise, Rehasport, Rehasport Mädels, Picknick, Cabrio fahren

Heute Vormittag traf ich mich mit meiner Krebssportgruppe auf dem Bogenschiessplatz der Ruppiner Kliniken zum gemeinsamen Rehasport. Wir machten gemeinsame Kräftigungsübungen an der frischen Luft. Dieser Sport hat mir wieder super Spaß gemacht.

Ich habe dann noch ein Frühstück ausgegeben. Es hat uns allen gemundet. An der frischen Luft und in der Sonne schmeckte es uns noch am besten.

Unser Rehasport findet zurzeit in der Nähe vom Bogenschiessplatz an den Ruppiner Kliniken statt. Wir treffen uns dort einmal wöchentlich.

Tag 94, Coronakrise, Qigong, Picknick an der Altfriesacker Brücke

Ich wünsche Euch allen einen schönen Mittwochabend.

Heute bin ich wieder beim Qigong in meinem Nachbardorf Altfriesack gewesen. Wir machen dort an der frischen Luft momentan an jedem Mittwoch um 10:30 Uhr Qigong.

Tag 95, Coronakrise, Waldbaden, Gartenparadies

Unser Gartenparadies ist in diesem Jahr besonders schön. Überall blüht, duftet es und es gibt ganz viel zu naschen. Die Kirschen sind reif, die Erdbeeren und auch die Himbeeren. Ich habe eben davon genascht. Es ist alles so köstlich. Ich genieße den Nachmittag im Garten. Lasst es Euch gut gehen.

Tag 96, Coronakrise, Gartenidylle

Ich wünsche Euch allen ein schönes Wochenende voller Sonnenschein. Ich genieße das Wochenende im Garten. Vielleicht machen wir auch eine kleine Cabrio Tour durch unsere schöne Gegend. Es gibt so vieles zu entdecken.

Heute früh habe ich mich sehr über den kleinen Schmetterling im Garten gefreut. Er tanzte durch die Sonne.

Gestern Abend hat uns ein Freund zum Abendessen in den Gasthof zum Alten Zieten eingeladen. Wir haben uns auf den Hof unter dem riesigen Walnussbaum gesetzt und haben uns das Essen schmecken lassen. Hier gibt es noch Hausmannskost. Vielen Dank lieber Dirki für Deine Einladung.

Wir sind echt, #kurvenkratzer, #talkaboutcancer, #influcancer

Stell dir eine Frau vor, die daran glaubt, dass es richtig und gut ist,
eine Frau zu sein. Eine Frau, die ihre Erfahrungen teilt und ihre Geschichten erzählt. Die sich weigert, die Sünden anderer in ihrem Körper und in ihrem Leben zu tragen.

Stell dir eine Frau vor, die sich vertraut und sich respektiert.
Eine Frau, die auf ihre Bedürfnisse und Sehnsüchte hört und ihnen
mit Zärtlichkeit und Anmut begegnet.

Stell dir eine Frau vor, die den Einfluss der Vergangenheit auf
die Gegenwart anerkennt. Eine Frau, die durch ihre Vergangenheit gewandert ist. Die in die Gegenwart hinein geheilt ist.

Stelle dir eine Frau vor, die ihr eigenes Leben schreibt. Eine Frau,
die sich anstrengt, etwas in Gang setzt und selbst in ihrem eigenen Leben bewegt. Die sich weigert, aufzugeben, außer für ihr ehrlichstes Selbst und ihre weiseste Stimme.

Stell dir eine Frau vor, die ihre eigenen Götter benennt.
Eine Frau, die sich das Göttliche in ihrem Image und Abbild ausmalt.
Die eine persönliche Spiritualität kreiert, um ihr tägliches Leben zu inspirieren.

Stell dir eine Frau vor, die in ihren eigenen Körper verliebt ist.
Eine Frau, die glaubt, ihr Körper ist genug, genauso, wie er ist.
Die seine Rhythmen und Zyklen als erlesene Quelle feiert.

Stell dir eine Frau vor, die den Körper der Göttin in ihrem sich wandelnden Körper ehrt. Eine Frau, die die Ansammlung ihrer Jahre und ihrer Weisheit feiert. Die sich weigert, ihre Lebensenergie dafür zu nutzen, die Veränderungen ihres Körpers und ihres Lebens zu verstecken.

Stell dir eine Frau vor, die die Frauen in ihrem Leben wertschätzt.
Eine Frau, die in Frauenkreisen sitzt. Die an die Wahrheit über sie selbst erinnert wird, wenn sie vergisst.

Stellt dir vor, diese Frau bist du selbst.

Ich wünsche Euch und Euren Familien einen schönen Sonntag.

Wort zum Sonntag

Die Sonne im Herzen tragen – eine schöne Vorstellung. Stimmt Ihr zu?

Es gibt viele Redewendungen rund um die Sonne. Man kann ein sonniges Gemüt haben, ein Sonnenanbeter sein, die Sonne kann aufgehen, wenn man den Raum betritt… das ist doch alles

sonnenklar!

Obwohl sie fast 150 Millionen Kilometer entfernt ist, spendet sie uns Wärme und sorgt für Leben auf unserem Planeten. Kein Wunder also, dass fast alle Redewendungen rund um den großen Stern positiv behaftet sind.

Was bringt Euch denn – metaphorisch gesprochen – die Sonne ins Leben? Ist es vielleicht der Partner? Ein besonderer Ort? Ein Buch, dass Euch beim Lesen immer wieder gute Laune bringt

Tag 97, 98, 99, Coronakrise, Treffen mit Freunden

Ich wünsche Euch allen einen schönen Wochenstart. Heute Vormittag habe ich mich mit Freunden im Reiz auf einen schönen Kaffee und eine schöne Eisschokolade getroffen. Es hat wieder großen Spaß gemacht. Wir haben uns alle ewig nicht mehr gesehen. Nobert ist mit mir beim Rudern gegen Krebs auf demselben Boot gewesen. Er hat auf unserem Boot die richtige Ruhr ausgestrahlt und hat uns allen immer Mut gemacht: "Alles wird gut" und das hat mir damals und auch heute noch sehr geholfen.

Jahrelang haben wir alle auch beim Sport zum Leben mit gemacht. Wir sind eine tolle Truppe, die den Kopf nicht hängen lässt egal was kommt. Schön, dass es Euch gibt liebe Birgit, liebe Regina und lieber Norbert. Und natürlich alle anderen aus meiner Sportgruppe: Gabi, Ruth, Irmi, Brigitte, Manfred, Klaus, Jürgen und ganz besonderen Dank gilt unserem Micha W., der unsere Truppe beim Sport begleitet sind ein wichtiger Teil meines Lebens geworden. Ich könnte noch so viele tolle Menschen aufzählen, die ich seit meiner Erkrankung kennengelernt habe.

Tag 100, #coronakrise, #eintopf, #wassertreten

Ich habe uns heute einen schönen Gemüseeintopf mit frischen Kräutern und Zutaten aus unserem Garten gekocht. Ich muss schon sagen, dass mir unser Eintopf sehr gelungen ist. Es hat uns richtig gut geschmeckt. Ich lese zurzeit auch gerade das Buch: Fitness geht durch den Magen von Ingrid Kiefer und Cem Ekmekcioglu. In diesem Buch ist beschrieben, wie unsere Ernährung unsere geistige und körperliche Leistungsfähigkeit beeinflusst. Ein sehr interessantes Buch, was ich Euch sehr empfehlen kann.

Heute Nachmittag bin ich dann mit meinem Fahrrad zur Wustrauer Badestelle gefahren. Und bin mit den Füßen im Wasser gewesen. Das Wasser war herrlich warm. Ich werde wohl morgen baden gehen. Ich beobachtete noch eine Weile die spielenden, schwimmenden Kinder. Sie fühlten sich richtig wohl im Wasser. Unsere derzeitigen Feriengäste, eine Omi mit ihrer Enkelin waren auch gerade an der Badestelle. Sie genossen auch die Ruhe an unserer wunderschönen Wustrauer Badestelle.

Tag 101, Coronakrise, Qi-Gong

Heute früh bin ich schon bei der Lymphdrainage gewesen. Es tut mir immer sehr gut. Ich habe ein Dauerrezept und lasse mich jede Woche einmal verwöhnen. Der Lymphfluss wird so angeregt.

Dann will ich nachher gleich zum Qigong. Das tut mir gut.

Tag 102, #Coronakrise, #Cabrioausflug

Ich wünsche Euch allen einen wunderschönen Tag voller Sonnenschein. Wir haben heute einen Cabrio Ausflug in unserer schönen Gegend gemacht. Wir haben es hier im Ruppiner Land wunderschön. Es gibt hier sehr viel schöne Ecken.

Feldblumenstrauß gepflückt, Freude an Kleinigkeiten.

Heute haben wir einen Cabrio Ausflug in unsere schöne Gegend unternommen. Es machte uns einen riesigen Spaß an den Kornfeldern, Wiesen und Wäldern vorbei zu fahren. Es war einfach herrlich. Ich pflückte einen kleinen Feldblumenstrauß für zu Hause. Unterwegs gönnten wir uns noch ein schönes Blaubeersofteis mit Schokoladensoße.

Tag 103, 104, Coronakrise, Wochenende

In unserem Garten blüht es zurzeit so schön. Es ist, wie im Paradies. So richtig zum Wohlfühlen.

Liebe Frau Voß, ich möchte mich auch im Namen meiner Enkelin Lena ganz herzlich für Ihre herzliche Aufnahme in Ihrer sehr schönen Ferienwohnung bedanken. Lange Zeit bin ich um die Welt gereist, bis Corona uns alle stoppte. Ich bin froh in einem so schönen Land zu leben. Wir haben die intakte Natur, das ländliche Leben und die Sehenswürdigkeiten im Ruppiner Land sehr genossen. Bleiben Sie gesund und behalten Sie sich die positive Sicht auf die Welt, letzteres wünsche ich allen die diese Zeilen hier lesen.

Cornelia Ehlert und ihre Enkelin Lena

Ich habe mich über diese Zeilen in unserem Gästebuch von unserer Ferienwohnung sehr gefreut.

Tag 105, Coronakrise, Sonntag

Sonntag, den 05.07.2020

Aus dem Evangelium
Kommt alle zu mir, die ihr mühselig und beladen seid! Ich will euch erquicken. Mt 11,28

Gedanken
Viele Menschen erhoffen sich vom Glauben Entlastung für ihr Leben – und fühlen sich belastet. Teilweise mag es an der Art der Verkündigung liegen, teilweise setzen sich Menschen auch selbst unter Druck, weil sie – aus verschiedenen Gründen –

glauben, dies oder das für Gott leisten zu müssen. Gottes Botschaft, ja auch seine Gebote und die Bergpredigt mit ihren Weisungen, will immer entlastend und befreiend sein, auch wenn sie zunächst schwierig aussieht. Dabei besteht die Entlastung zunächst darin, zu prüfen, was Gott wirklich will und was alles Menschenwerk ist. In dem, wo Gottes Wille zum Tragen kommt, ist die Entlastung, dass es Gott selbst ist, der in uns handeln will und handelt. Er ist barmherzig, wenn etwas nicht gelingt. Und auch in allen anderen Dingen können wir das, was uns belastet, bei Gott abladen.

Werner Kraus, Pfarrer

Gebet
Herr, lass mich meinen Kopf an deine Schulter lehnen und innehalten. Schenke mir diesen Moment der Ruhe, gib mir den Mut dafür.

Ich wünsche Euch und Euren Familien allen einen schönen Sonntagabend.

Tag 106, Coronakrise, Wochenbeginn

Sobald du deine eigene Stille ertragen kannst, bist du frei.

Text von Robert Betz

WIE du etwas machst;
ist im Alltag wichtiger
als das, WAS du machst

Wie du dich heute Abend nach deiner Arbeit fühlst,
hängt in erster Linie davon ab, WIE du heute durch
den Tag gehst
Bewusst oder unbewusst,
mit einem JA oder einem NEIN
zu dir, deinem Leben und deiner Arbeit
mit Dankbarkeit und Wertschätzung
oder mit Forderungen und Beschwerden
mit offenem Herzen und Liebe
oder mit Verurteilungen und Ablehnung
als Opfer oder Schöpfer deiner Lebenswirklichkeit

Verurteile den neuen Tag nicht,
auch wenn er ‚Montag' heißt.
Denn er ist einzigartig und kommt nicht wieder.
Wie du heute Abend drauf bist, entscheidest du
Jetzt und Jetzt und Jetzt und jetzt,
in jedem Augenblick, bei jeder Tätigkeit
und bei jeder Begegnung mit einem Mitmenschen,
deiner Kollegin, deinem Kollegen, Chef, Kunden,
mit deinem Partner, deinem Kind oder einem
Verkehrsteilnehmer
und in der stetig stattfindenden Beziehung und
Begegnung mit dir selbst

Ich wünsche euch allen eine schöne neue Woche und
einen mit Freude und Dankbarkeit gelebten Montag

Ich bin vorhin in unserem Garten gewesen und habe zwei Gurken auf meinem Beet entdeckt. Ich freue mich riesig darüber, dass in diesem Jahr alles so schön wächst. Ich gebe ja zu, dass ich mich aufgrund von der Coronakrise mehr um unseren Garten gekümmert habe. Es ist ein sehr gutes Gefühl, wenn man die eigenen Sachen aus dem Garten ernten kann.

Das Pilgern und die innere Stimme Sehr oft denke ich an das Pilgern im vergangenen Jahr. Die Pilgerwanderung zusammen mit 12 anderen an Krebs erkrankten Menschen aus ganz Deutschland hat mich wieder mehr gelernt, auf meine innere Stimme zu hören. Mir haben die Pilgerwoche von Frankfurt Oder nach Berlin sehr gut gefallen. Meine Gedanken und Gefühle, die ich in der Pilgerwoche hatte, wirken noch sehr lange in mir nach.

Tag 107, Coronakrise, Erinnerung an das Pilgern im vergangenen Jahr.

Das Pilgern und die innere Stimme

Sehr oft denke ich an das Pilgern im vergangenen Jahr. Die Pilgerwanderung zusammen mit 12 anderen an Krebs erkrankten Menschen aus ganz Deutschland hat mich wieder mehr gelernt, auf meine innere Stimme zu hören. Mir haben die Pilgerwoche von Frankfurt Oder nach Berlin sehr gut gefallen. Meine Gedanken und Gefühle, die ich in der

Pilgerwoche hatte, wirken noch sehr lange in mir nach.

Hier habe ich mal einen Text von Annelie Voland, der mich sehr berührt hat.

Ich bekomme immer wieder ein unglaublich erwärmendes Gefühl in meiner Brust, wenn ich durch die Fotos unserer diesjährigen Pilgerwanderung gehe. Das Foto hier ist an einem Morgen entstanden, an dem wir, wie jeden Morgen, in Stille liefen. Jeder für sich, jeder im eigenen Kopf und mit den eigenen Gedanken. Manchmal liefen wir so bis zu einer Stunde, bis sich die ersten leisen Gespräche auftaten. Es kann so schwer sein, die eigenen Gedanken zu hören, ihnen zu lauschen und achtsam zu betrachten. Hast du dir einmal zugehört, was du dir selbst erzählst? Ich bin fest davon überzeugt, dass unsere innere Stimme einen sehr großen Einfluss auf unser Glücksempfinden hat. Es zählt am Ende nämlich wirklich, was du dir selbst erzählst, welche Geschichten du glaubst und was du auf deine Umwelt projizierst. Deine Gedanken bestimmen deine Wahrnehmung, das was du siehst und hörst. Das Pilgern hat mir aber auch gelehrt, dass ich sehr sanft, beruhigend und liebevoll mit mir selbst sein kann und darf. Ich möchte meine innere Stimme ganz und gar nicht stilllegen, das wäre wie, als wenn ich ein schreiendes Baby zuhause habe und einfach die Tür zu mache und mir die Ohren zuhalte. Nein! Ich höre auf meine Stimme und höre ihr zu. Ich versuche zu verstehen, was sie mir sagen will und warum sie mir das sagt. Wenn sie traurig ist oder Angst hat, gebe ich ihr die Aufmerksamkeit, die sie braucht und sage ihr, dass alles gut werden wird, dass wir einen Weg finden werden und sie niemals alleine sein wird. Ich glaube das ist einer der Gründe warum mich das Pilgern so sehr verändert hat. Inzwischen kann ich mich selbst verstehen und meiner inneren Stimme zuhören und folgen. Sie ist das liebevollste und reinste was es gibt, ehrlich, liebend, dankbar, manchmal aber auch ängstlich, wütend oder trauernd. Alles darf sein, niemals schließe ich die Tür und halte mir die Ohren zu. Das hilft einfach nicht!

  Der Weg wird dir bringen, was DU brauchst.
  Das hier ist eines meiner Lehren.

Buen Camino*
Eure Annelie

Vielen **lieben** Dank an Annelie und Petra, die uns die Woche zu einem unvergesslichen Erlebnis gemacht haben.

Tag 108, Coronakrise, Besuch der Ölmühle in Katerbow, Qigong, Agave

agave, #Wustrau, Erinnerung an meinen Vater Bertold Voß, er hätte sich sehr über diese Blütenpracht gefreut. Er überwinterte die Agave an vielen Jahren in der Alten Gutsgärtnerei. Und ich kann mich an meine Kindheit erinnern, wo wir auch in unserem Treppenhaus bei uns zu Hause eine kleine Agave zu stehen hatten. Ich habe mich sehr oft an den kleinen Spitzen gepiekt, weil sie irgendwann zu groß wurde. Wir stellten die Agave in den Garten. Sie sah sehr exotisch aus.

Wir haben heute einen kleinen Ausflug zur Ölmühle Katerbow unternommen. Bald eröffnet hier an dieser Stelle ein Hofladen. Das Leinöl kann man auch im Laden Herr Theodor käuflich erwerben. Oder auch im Grünkernladen kann man es kaufen.

Die längste Reise ist eine Reise nach innen.

Tag 109, 110, Coronakrise, Wochenende

Tag 111, Coronakrise, Grillen und Seefestival hat begonnen

Gestern Abend hat in meinem Heimatort Wustrau wieder das Seefestival begonnen. Gestern habe ich Karten für das Stück Spamalot gekauft. Wir wollen dort am 1.8. zusammen mit einer Gruppe hingehen. Ich freue mich schon sehr auf dieses Event.

Gedanken an das Pilgern von Annelie Voland

Pilgern und die Zeit danach

Einige Wochen sind nun nach unserer letzten Pilgerwanderung vergangen und wir sind alle am Aufarbeiten und Verarbeiten (im doppelten Sinne). Einmal sind die Erlebnisse nun wirklich in Herz und Blut übergegangen und weiteres schaffen wir es nun auch alles in Bilder und Worte zu fassen. Andrea Voss hat viele wunderschöne Bilder hochgeladen, darunter dieses hier, welches zu meinen Lieblingsfotos gehört. Es verkörpert für mich so viel Freiheit, Raum und Natürlichkeit. Irgendwie magisch. Ich mag solche Schnappschüsse wirklich sehr. Auch meine bessere Pilgerhälfte Petra Bischof hat unsere ganze Wanderung in einem wundervollen Reisebericht festgehalten, der mich zu Tränen gerührt hat. Wer sich etwas auskennt und weiß, wie viel Arbeit das alles macht, eine große Wertschätzung an Dich, meine Liebe! Ich werde Petras Bericht in der kommende Zeit Stück für Stück (also immer tageweise) mit Fotos auf meiner Webseite und natürlich hier veröffentlichen. Sie hat wirklich ein Händchen fürs Schreiben.

Ja und drittens plane ich noch eine kleine Überraschung für alle Pilgerwilligen, aber das wird frühstens nächste Woche verrraten, denn bis jetzt ist alles nur Vision und noch nix auf Papier. Aber ihr kennt mich ja ;).... work in progress.

Folgen lohnt sich.

BUEN CAMINO meine Lieben!

Eure Annelie

Tag 112 , Coronakrise, Gartenparadies

Tag 113, Coronakrise, Wochenstart.

Ich wünsche Euch allen einen schönen Start in die neue Woche.

Gestern waren wir nach langer Zeit mal wieder beim Italiener essen. Unsere Tochter Jenny hatte die Idee. Es hat uns super geschmeckt. Es war ein toller Abend.

Beim nach Hause fahren haben wir noch einen schönen Sonnenuntergang gesehen. Es hat zum Träumen eingeladen. Das war die Abrundung eines perfekten Tages.

Trainiere deinen Verstand darauf, stets das Positive zu sehen, denn die Qualität deines Lebens, hängt von der Qualität deiner Gedanken ab!

Tag 114, Coronakrise, Urlaub Insel Rügen

Guten Morgen aus der Villa Seeblick in Sassnitz. Wir sind gestern angereist und haben eine herrliche Ferienwohnung in der Altstadt von Sassnitz angemietet. Wir haben eine herrliche Sicht auf die Ostsee.

Kraftträume…

…. finden wir an den ungewöhnlichsten Orten. Dort, wo die Elemente sich treffen wo Wasser und Sonne einander begegnen, wo Jahrtausende alte Kräfte den Stein geformt haben.

Tag 115 & 116, Coronakrise, Geburtstag von meinem Schatz.

Über den Dächern von Sassnitz aus der Villa Seeblick auf die glitzernde Ostsee lässt es sich #Träumen.

Tag 116, Coronakrise, Wanderung durch den Nationalpark Jasmund mit meiner Familie

Tag 117, 118, Coronakrise, Heimfahrt mit Besuch von unserer Tante Renate und Onkel Theo in Zingst

Gestern sind wir wieder von unserer kleinen Urlaubsreise zurückgekommen. In diesem Jahr hat mir unser Urlaub ganz besonders gefallen. Das Haus Seeblick, genau hinter dem Fürstenhof war eine ganz besondere Unterkunft, wo wir einen herrlichen Blick auf die Ostsee hatten. An jedem Morgen beim Erwachen schien die Sonne auf unser Bett. Wir hatten einen herrlichen Blick auf die Ostsee. Die Lage in der Rosenstraße in der Altstadt von Sassnitz war einfach toll. Da werden wir im nächsten Jahr bestimmt mal wieder hinfahren.

Gestern haben wir dann noch meine Tante und meinen Onkel in Zingst besucht. Sie haben beide sehr über unseren Besuch gefreut. Die beiden leben schon sehr lange in Zingst. Wir haben hier immer gerne unsere Familienurlaube verbracht. Die Beiden sind sehr gastfreundlich. Vielen lieben Dank für den tollen Empfang.

Tag 119, Coronakrise, Wochenanfang

Ich wünsche Euch allen einen schönen Start in die neue Woche.

Heute habe ich wieder einen ganz tollen Tag erlebt. Am Vormittag habe ich mich mit dem Aufsammeln von Pflaumen begnügt. In diesem Jahr hängen unsere Pflaumenbäume so richtig voll. Morgen werde ich daraus Pflaumenmus kochen.

Am Nachmittag waren wir #rehasport Mädels bei Brigitte zum Kaffee eingeladen. Wir hatten uns alle sehr lange nicht mehr gesehen. Es war ein perfekter Nachmittag in herrlicher Umgebung. Liebe Brigitte, vielen Dank für Deine Gastfreundschaft.

Der Sonne entgegen von Ben Zucker, Tag 120, Coronakrise

Ich wünsche Euch allen einen wunderschönen Tag.

Gestern war ich wieder beim Qigong in Altfriesack. Es hat mir wieder sehr gutgetan.

Wir führten unsere Übungen in dem schönen Garten von Hilde und Sebastian in Altfriesack durch.

Schöne Momente vergehen, leuchten jedoch ewig in unserem Leben.

Tag 120, 121, 122, 123, 124, Coronakrise, Pflaumenbäume und andere Dinge

Ich wünsche Euch und Euren Familien allen ein schönes Wochenende. In diesem Jahr gibt es zum ersten Mal seit vielen Jahren einen Überschuss an Pflaumen. Ich habe die Pflaumen schon zu Pflaumenmus, Pflaumenkuchen und Pflaumenlikör verarbeitet. Es wäre auch schon so einige Leute aus meinem Dorf da, die sich welche aufgesammelt haben.

Diese Woche ist auch wieder wie im Fluge vergangen. Am Montag waren wir in Wuthenow bei der lieben Brigitte. Sie hatte uns Rehasport Mädels zu einem Kaffeekränzchen anlässlich ihres 79.Geburtstags eingeladen. Wir haben uns sehr wohl gefühlt bei ihr. Vielen lieben Dank für Deine Gastfreundschaft liebe Brigitte. Durch diese Corona Zeit haben wir uns alle schon sehr lange nicht mehr gesehen. Umso größer war die Freude, als wir uns wieder sahen.

Am Mittwoch war ich dann wieder zum Qigong bei Hilde und Sebastian auf dem Gartengrundstück in Altfriesack. Es war dort eine herrliche Atmosphäre.

Altfriesack ist ein wundervolles kleines Örtchen direkt am Bützsee und den Ruppiner See, Hier gibt es eine tolle Dorfgemeinschaft. Montags gehe ich dort immer zum Gute Laune Tanz und mittwochs zum Qigong.

Am gestrigen Donnerstag hat mich nachmittags Margot aus meinem Dorf besucht. Sie hat sich auch ein paar Pflaumen aufgesammelt und dann haben wir uns bei einem Käffchen über alte Zeiten unterhalten.

Auch über meinen verstorbenen Vater, der hier bei uns im Dorf hat mal der Gärtnermeister war.

Heute bin ich dann zusammen mit Knolly wieder zum Rehasport nach Neuruppin gefahren. Heute haben wir uns auf dem Bogenschießplatz der Ruppiner Kliniken getroffen und wir probierten zum ersten Mal das Bogenschießen aus. Es hat mir großen Spaß gemacht. Ich habe sogar die Zielscheibe getroffen. Anschließend setzten wir uns noch in der Gruppe zusammen. Karin und Waltraud gaben einen auf ihren Geburtstag aus. Vielen lieben Dank dafür. Wir sind schon eine ganz tolle Gruppe.

Tag 125, Coronakrise, Sonntag leichter Regen

Ich wünsche Euch und Euren Familien allen einen schönen Sonntag.

Heute regnet es endlich einmal. Der ganze Garten und auch die Bäume im Wald waren schon ganz schön trocken. So kann sich die ganze Natur mal wieder etwas erholen.

Tag 126, 127, Coronakrise, Besuch bei Gabi in Grosszerlang

Ich bin heute wieder gut in Wustrau angekommen. Gestern habe ich Gabi in ihrem Heimatort Grosszerlang besucht. Auch habe ich dort Friedericke und ihre Tochter getroffen. Wir haben ein paar herrliche, unbeschwerte Stunden miteinander verbracht. Wir gingen baden im Pälitzsee, wandern, Quatsch machen, wir tauschten uns aus, spielten und lachten miteinander. Abends machten wir auch noch einen Spaziergang durch die schöne Natur mit Besuch vom Steg am Pälitzsee. Sogar der Regen erwischte uns. Aber es machte uns nichts aus. Als wir wieder zurück kamen bereitete uns Gabi ein herrliches Abendmenüe zu. Anschließend setzte wir uns an die Feuerschale und aßen Stockbrot. Vielen lieben Dank liebe Gabi an Dich und Deinem Mann für Eure Gastfreundschaft. Ich habe mich rundum wohl gefühlt.

Leider ist schon wieder eine tolle Freundin von mir die ich auf Facebook bei den Metagirls kennengelernt habe: die Sylvi heute gestorben, ich bin zutiefst traurig.

Liebe Sylvi komme gut über die Regenbogenbrücke. Du fehlst mir jetzt schon. RIP …. Mein Beileid gilt ihrer Familie, den Freunden und den Angehörigen.

Tag 128, Coronakrise, Tag der Freundschaft

Ich wünsche Euch allen alles Liebe und Gute zum Tag der Freundschaft.

Heute hat unsere liebe Tochter Jenny ihren 24.Geburtstag. Sie ist das Beste, was wir haben. Wir lieben sie über alles.

Tag 129, Coronakrise, Theaterbesuch Spamalot

Ich wünsche Euch allen ein schönes Wochenende.

Heute Abend ist es endlich soweit. Wir gehen zusammen mit einer Gruppe zum Seefestival in Wustrau. Es wird das Stück Spamalot aufgeführt. Ich freue mich schon sehr darauf. Vorher wollen wir noch im Gasthof zum Alten Zieten zu Abend essen.

Tag 130, #Coronakrise, # Seefestival

Gestern war es nun endlich soweit. Wir gingen zusammen mit ein paar Freunden und Bekannten in das Sommertheater und schauten uns das Stück Spamalot an. Eine Komödie mit Musik basierend auf den Film "Ritter der Kokosnuss ". Das Stück brachte mich zum Lachen. Ich kann Euch allen das Stück sehr empfehlen. Es gibt noch ein paar Restkarten für heute und auch noch für das nächste Wochenende.

Meine Großmutter hat mir mal diesen Tipp gegeben:
Wenn die Zeiten schwierig sind, gehe in kleinen Schritten weiter.
Tu, was du tun musst, aber tu es langsam.
Denk nicht an die Zukunft oder was morgen passieren kann.
Reinige das Geschirr.
Wisch den Staub ab.
Schreibe einen Brief.
Koch suppe.
Siehst du das?
Du gehst vorwärts, Schritt für Schritt.
Mach einen Schritt und dann Pause.
Ruh dich aus.
Schätze dich selbst.
Mach den nächsten Schritt.
Dann noch einen.
Du wirst es kaum merken, aber deine Schritte werden länger werden.
Bis es soweit ist, wo du wieder an die Zukunft denken kannst, ohne zu weinen.

Elena Mikhalkova, "Der Raum der alten Schlüssel".

Tag 131, 132, Coronakrise, Gute Laune Tanz und Waldbaden

Gestern bin ich wieder mit Manu durch den Wald gelaufen. Es tat gut, die tolle Luft dort einzuatmen. Auch umarmten wir wieder die Bäume. Es gibt uns Kraft. Versucht es doch auch einmal und spürt die Kraft der Bäume.

Abends bin ich dann wieder zum Gute Laune Tanz in Altfriesack gewesen. Es hat mir wieder großen Spaß gemacht.

Tag 133, Coronakrise, QiGong, Einladung zum Mittag

Ich wünsche Euch allen einen schönen Wochenteiler voller Sonnenschein. Heute Vormittag bin ich wieder beim Qigong gewesen. Es hat mir wieder großen Spaß gemacht.

Heute Mittag habe ich mich mit 2 Freundinnen verabredet. Wir waren im Gasthof zum Alten Zieten. Es hat wieder super geschmeckt.

Heute Nachmittag habe ich ein Foto von der blühenden Agave von Anke S. bekommen. Vielen Dank dafür. Eine Agave blüht nur einmal im Leben und stirbt danach leider ab. Wir habe die Agave als sie noch klein war bei uns zu Hause gehabt. Als die Agave größer wurde hat mein Vater (der ehemalige

Gärtner meines Heimatortes Wustrau) die Pflanze an die Deutsche Richterakademie weitergegeben. Mein Vater ist leider 2018 gestorben. Er hätte sich sehr gefreut, wenn er die Agave noch blühend gesehen hätte. Ich werde die Fotos mit zu meiner Mutti nehmen und ihr die Blüte zeigen. Da wird sie sich freuen. Leider ist meine Mutter dement und trotzdem glaube ich, dass sie sich vielleicht an die Agave erinnern wird.

Tag 134, Coronakrise, Bootsfahrt auf dem Ruppiner See

Gestern hat uns Waldi überrascht. Er hat uns mit seinem schicken roten Boot vom Wustrauer Bollwerk abgeholt. Wir sind dann zusammen mit ihm zuerst bis nach Altfriesack und dann nach Neuruppin und Altruppin. Wir machten ein kleines Kaffeepäuschen auf der kleinen Insel in der Nähe von Altruppin. Waldi hatte an alles gedacht. Er hatte sogar Waffeln dabei. An der frischen Luft schmeckte es uns herrlich.

Tag 135, 136, Coronakrise, Sommer

Ich wünsche Euch allen einen schönen Sonntag voller Sonnenschein.

Mir geht es gut. Gestern hatte ich ein wenig Kreislaufprobleme. Ich habe es mir daher in unserem Garten bequem gemacht. Unter unseren Apfelbäumchen ließ es sich gut aushalten. Zwischendurch habe ich mich immer unter unseren Gartendusche abgeduscht. Es hat mir sehr gutgetan.

Tag 137 Sommer, Sonne, Cabrio

Tag 138, 139, Coronakrise, Erinnerung an meine AHB in Boltenhagen vor 6 Jahren

Nachricht von Christina R.: Das ist erst 6 Jahre her? Kommt mir vor, als läge es viel, viel länger zurück.

Aber das war 2014.
Und es war schön, eine sehr gute Reha, die ich dort bekommen hatte, nette Leute kennengelernt (dich zähle ich dazu) und ich wurde fit. Wir wurden sehr

gut betreut – die Klinik war top!

Liebe Christina, ich denke sehr oft an die AHB in Boltenhagen. Ich habe dort eine tolle Zeit verbracht. Und habe dort viele, tolle, mutige Frauen kennengelernt die gleiches oder ähnliches wie ich durchgemacht haben. Die vielen tollen Gespräche haben mir sehr bei der Bewältigung und Annahme meiner Erkrankung sehr geholfen. Du zählst für Dich dabei zu den ganz besonderen Menschen. Ich freue mich immer sehr von Dir zu hören und auch wie Du so alles gemeistert hast. Bleib weiter so positiv und optimistisch und vor allem gesund. Lg von Andrea

Ich grüße natürlich alle hier auf meinem Blog und wünsche mir von ganzem Herzen, dass ihr und Eure Familien und Freunde alle gesund bleiben.

Ich wünsche Euch allen einen schönen Dienstagabend. Ich habe bei der Hitze etwas

Kreislaufprobleme und stöbere daher in meinem Blog rum und lese ein bisschen.

Tag 40, #coronakrise, #Sommer

Ich wünsche Euch allen einen schönen Donnerstagnachmittag.

Tag 141, Coronakrise, Sportgruppe

Ich wünsche Euch allen ein schönes Wochenende.

Soeben bin ich gerade vom Sport gekommen. Zurzeit treffen wir uns einmal die Woche auf dem Bogenschießplatz vom Rehazentrum und machen dort gemeinsame Sportübungen. Es macht an der frischen Luft richtig Spaß.

Zum Nachdenken:

Ich las einmal von einem Mann, der beim Begräbnis einer Freundin die Rede hielt.

Er sprach von den Daten auf ihrem Grabstein, vom Anfang und vom Ende.

Erst nannte er das Datum ihrer Geburt, – dass danach Folgende mit Tränen in den Augen.

Aber

sagte er,

was wirklich zählt, ist nur der Bindestrich zwischen den Jahreszahlen.

Dieser Bindestrich steht für die Zeit, die Zeit, die sie lebte und wandelte auf Erden – und nur jene, die sie geliebt haben, wissen, was dieser kleine Strich wirklich wert ist.

Für diesen kleinen Strich spielt es keine Rolle, wie viel wir besitzen; die Autos…, das Haus…, das Geld…wichtig ist nur, wie wir leben und lieben und wie wir unseren Bindestrich gestalten.

Denke gründlich darüber nach! forderte er‚gibt es Dinge, die Du noch ändern möchtest? Du weißt nie, wie viel Zeit Dir noch bleibt, um es zu tun.

Immer wenn du kannst, dann halte inne, um zu erkennen, was wahrhaftig, rechtens und richtig ist. Und versuche stets die Art und Weise zu verstehen, wie andere Menschen fühlen.

Sei nicht so schnell verärgert und schenke Anderen mehr Anerkennung, und liebe die Menschen Deines Lebens, wie Du nie zuvor geliebt hast.

Behandle andere Menschen mit Respekt und trage öfter ein Lächeln.

Denk daran, dass dieser besondere Bindestrich nur ganz kurz sein kann.

Und er schloss:

Wenn einst in Deiner Grabrede die Werke Deines Lebens verkündet werden, könntest Du auf all das stolz sein, wofür Dein Bindestrich steht?

Linda Ellis

Im Augenblick haben wir alle Zeit der Welt. Michael Richter

Tag 142, 143, 144, Coronakrise, Wochenende und Wochenstart

Tag 145, Coronakrise, Grillen mit den Gute Laune Tänzern

Gestern Abend war es wieder soweit. Wir trafen uns zum Grillen mit unserer Gute Laune Tanz Gruppe. Jeder von uns brachte eine Kleinigkeit zu Essen und zum Trinken mit. So hatten wir eine bunte Vielfalt von allem, was das Herz begehrt. Ich selbst hatte einen selbstgemachten Obstsalat und Pflaumenlikör dabei.

Tag 146, Coronakrise, Cabrio Ausflug

Wir haben gestern und vorgestern einen Cabrio Ausflug ins Sauerland unternommen. Das war dort eine ganz herrliche Gegend.

Tag 147, Coronakrise, Ausflug nach Hakenberg und Sport zum Leben

Gestern haben wir in Hakenberg das alte Pfarrhaus aufgesucht. Ich war so richtig erstaunt über das Kleinod, was sich Familie Knobloch hier geschaffen hat. Sie haben aus dem alten Pfarrhaus eine Pension gebaut. Im Garten spürt man überall die Liebe zum Detail. Die Farbe Orange ist hier sehr stark vertreten.

Warum in der Ferne schweifen, denn das Gute liegt so nah.

Tag 148, 149, Coronakrise, Wochenende

Ich wünsche Euch allen einen wunderschönen Sonntag. Was macht ihr so heute?

Wir wollen heute zur Line Dance OpenAir Party zum Hangar 312.

Soeben sind wir zurück vom Hangar 312 in Neuruppin. Wir waren hier zur Line Dance Party. Es hat es sehr gefallen. Einige wenige Lieder konnten wir mittanzen. Es hat einen riesigen Spaß gemacht.

Tag 150, 151,152,153, 154, Coronakrise

Meine Begegnung mit dem Liedermacher Raimund Scheel

Veröffentlicht am 27.August 2020.
Ich wünsche Euch allen einen schönen Abend. Nun ist es schon wieder einige Tage her, dass ich hier etwas gepostet habe. Manchmal habe ich eine kleine Schreibblockade.

Heute habe ich mich zum Beispiel mit einer Bekannten im Café Ruppiner Feingebäck getroffen.

Wir haben uns wegen Corona und auch anderer Dinge schon sehr lange nicht mehr gesehen. Wir haben uns ein schönes Stück Torte und Kaffee gegönnt und uns mal wieder so richtig ausgetauscht. Wir hatten zufällig sogar einen netten Musiker Liedermacher zur Unterhaltung im Kaffee. Ich lauschte seinen sehr tiefsinnigen Texten. Mir hat seine Musik sehr gut gefallen. Sie waren sehr melancholisch.

Ich fragte ihn nach seinem Namen und er sprach sehr offen mit uns über sich und seine ganz persönliche Geschichte. Er ging ziemlich offen mit uns um. Das hat uns super gefallen. Dieser Liedermacher Raimund Scheel hat sehr tiefsinnige Lieder. Wir tauschten unsere Telefonnummern aus.

Recht herzlichen Dank für das Kompliment. Tja, meine Lieder und Texte sind das Ergebnis der letzten 16 Jahre. Akribisch bin ich immer am Ball geblieben und habe intensiv an meinem Hobby festgehalten. Dabei bin ich besonders bei meiner Familie immer wieder angeeckt. Das hat mich aber nicht aus der Bahn geworfen, bin trotzdem zielstrebig meinen Weg gegangen. Nun sitze ich seit letztem Jahr regelmäßig in diesem Ruppiner Café' und singe für die Gäste und merke, dass es richtig war. Es gibt keinen Auftritt ohne positive Resonanz aus dem Publikum. Im Laufe der Zeit wurden meine Songs immer besser und auch der Gesang formte sich. Ich bin stolz, dass ich heute dastehe, wo ich jetzt bin. Dichten und die Texte in schöne Melodien zu verpacken ist schon eine besondere Gabe. Ich wünsche mir, dass mir diese Gabe noch lange erhalten bleibt. Es hält auch meine Gehirnzellen im Kopf fit und so soll es auch bleiben. Ich bin froh, dass ich von meiner Kunst nicht leben muss, so bleibt die Freude an meinem Hobby weiterhin bestehen. Man hat keinen Druck unbedingt wieder neue Songs zu schreiben, sondern wartet entspannt auf die nächste Text Idee, irgendwann. Ich hoffe, dass dich das riesige Angebot an Songs auf meinem YouTube Kanal nicht überfordert hat. Mittlerweile sind es wohl schon fast 250 hochgeladene Stücke. Eigentlich viel zu viel. Na dann, LG von Raimund, dem Liedermacher aus der Songschmiede Germendorf.

Hallo Raimund, vielen lieben Dank für Deine Zeilen. Ich finde es toll, wie Du mit Deinen Gedanken und Gefühlen umgehst. Auch, dass Du Dich nicht von den Kommentaren Deiner Familie abbringen lassen hast. Mir geht es vom Prinzip her ähnlich wie Dir. Nur das ich so eine Art Blog unter www.andrea-v.de schreibe und dort öffentlich mit meinen Gedanken und Gefühlen im Zusammenhang mit meiner Erkrankung umgehe. Auch habe ich schon 2 kleine Bücher geschrieben und dafür auch von einigen meiner Freunde Kritik geerntet. Einige haben dich sogar von mir abgewendet, weil ich so offen alles schreibe. Ich habe aber auch ganz viel positive neue Menschen durch mein Schreiben kennengelernt. Meine Passion ist, dass ich anderen Menschen dehnen es ähnlich wie mir ergeht Mut und Hoffnung machen möchte. Im letzten Jahr bin ich auch den Brandenburger Jakobsweg mit 12 anderen Erkrankten von Frankfurt Oder nach Berlin gelaufen und habe dabei auch ganz tolle Menschen kennengelernt. Zurzeit plane ich ein drittes Buch über mein Pilgerweg zu mir selbst. Da würde ich gerne ein paarer Liedtext von Dir mit unterbringen. Ich verdiene mit meinen Büchern kein großes Geld. Ich habe die Bücher im Selfpublishing bei Twentysix geschrieben. Ein lieben Gruß Andrea

Vielen lieben Dank für das Video von Raimund Scheel.

Mein Weg zum Ziel: Liedtext von Raimund Scheel

Ich schwebe wie ein kleines Blatt im Wind, weiß nicht wohin die Zeit mich treibt, wie ein Schiff lande ich im Hafen an, ich weiß nicht wie lange es dortbleibt.

Ich weiß nicht was die Zukunft bringt, welche Melodie das Leben für mich singt, singt es in Dur oder Moll für einen Walzer oder Rock 'n Roll. Mal schiebt es im 4/4 Schritt. Nimmt es all mein Glück, dass mich umgibt auf seine Reise mit.

Wie an Sandkorn treibe ich im Wind, weiß nicht wohin der Sturm mich weht. Wie ein Felsen trotze ich dem Meer, der ganz fest in der Brandung steht.

Ich weiß nicht, welche Wege ich morgen schon geh. An welcher Kreuzung ich dann übermorgen steh. Lauf ich vorwärts oder zurück? Lauf ich nach Norden oder nach Süd? Oder dreh ich mich nur vorwärts oder zurück oder dreh ich mich nur im Kreis?

Weil ich mein Ziel noch nicht kenne.

So laufe ich einfach nur noch geradeaus und werde sehen was passiert.

Egal ob man es begreifen wird, egal ob man es kapiert.

Ich weiß nicht wie viele Fehler ich werde machen, viele dann über meine Fehler lachen.

Man lacht in Dur oder in Moll über einen Walzer oder Rock 'n Roll.

Wenn ich vorwärts geh oder zurück, ob ich nach Norden geh oder nach Süd.

Doch am Ende lache ich, weil das Glück auf meiner Reise mit mir zieht, ja mit mir zieht.

Man lacht in Dur oder in Moll über einen Walzer oder Rock 'n Roll.

Wenn ich vorwärts geh oder zurück, ob ich nach Norden geh oder nach Süd.

Doch am Ende lache ich, weil das Glück auf meiner Reise mit mir zieht, ja mit mir zieht.

Novembergedicht von mir, Gesang von Raimund Scheel

Auch im November, wenn die Tage kürzer werden,

nutze ich jeden Tag auf Erden,

Ich gehe an die frische Luft

und rieche dabei den schönen frischen Novemberduft,

Nutze den Tag, vom Tag zu Tag.

Und spüre dabei, was ich so mag.

Schnell kommt dann auch der 1.Advent,

an dem dann auch das 1.Lichtlein brennt.

Ich mag so sehr die Vorweihnachtszeit,

überall duftet es weit und breit.

Andrea Voß im November 2020

Tag 155, Coronakrise, Sport zum Leben

Heute bin ich wieder zum Rehazentrum in die Alte Schwimmhalle gefahren. Ich traf mich dort mit den anderen aus meiner Sportgruppe um dort 1 Stunde Sport in der Halle zu machen. Als ich ins Rehazentrum eintrat, mussten wir aufgrund von Corona erst einmal alle unsere Kontaktdaten abgeben und noch andere Fragen beantworten. Dann konnten wir uns mit unserer Krankenkassenkarte elektronisch einloggen. Es ist jetzt immer ein ganz schönes Prozedere ehe wir mit der eigentlichen Sportstunde beginnen können.

Daran müssen wir uns zuerst noch gewöhnen. Ansonsten hat es uns allen großen Spaß gemacht. Die Turnhalle war gut durchblutet. Die Gymnastik führten wir auf Bällen durch.

Tag 156, #Coronakrise, Wochenende

Ich wünsche Euch und Euren Familien allen ein schönes Wochenende.

Gestern Abend haben wir ein #Schwedenfeuer angezündet. Es war so richtig gemütlich und wir haben den Abend sehr genossen. Es war eine ganz tolle Atmosphäre. Dabei haben wir noch das Finale von Promi Big Brother gesehen.

Gebet
Herr, ich habe dich um Kraft gebeten, um Erfolg zu haben; du hast mich schwach werden lassen, damit ich gehorchen lerne. Ich habe dich um Gesundheit gebeten, um große Dinge zu tun; ich habe die Krankheit erhalten, um Besseres zu tun. Ich habe dich um Reichtum gebeten, um glücklich zu sein; ich habe die Armut erhalten, um weise zu sein. […] Fast gegen meinen Willen sind alle meine ungesagten Gebete erhört worden. Ich bin der Beschenkteste aller Menschen. Dank dir, Herr!   Inschrift in einem Schweizer Krankenhaus

Tag 157, #coronakrise, #US-Car Classics

Ich wünsche Euch allen einen schönen Sonntag.

Gestern waren wir bei US- Car Classics Treffen in Diedersdorf. Wir haben dort ganz tolle US- Cars gesehen. Ich habe hier mal ein paar ganz tolle Fotoimpressionen vom gestrigen Tag für Euch.

Tag 158, 159, Coronakrise, Gedanken an meine Lehrzeit vor 40 Jahren

Gestern bin ich wieder beim Gute Laune Tanz gewesen. Es hat mir wieder großen Spaß gemacht.

Heute, am 1.September 1980, also vor 40 Jahren bin ich in die Lehre gekommen. Ich begann meine zweijährige Lehre in der Berufsschule BBS Josef Ressel zur Maschinenbauzeichnerin. Den praktischen Teil der Lehrausbildung verbrachte ich im Konstruktionsbüro der VEB Elbewerften Boizenburg Roßlau. Heute ist es genau 40 Jahre her, dass ich meinen ersten Tag in der Berufsschule hatte. Die Jahre sind so schnell vergangen. Ich denke sehr oft an meine Lehrzeit zurück. Es war eine sehr tolle Zeit, die ich im Roßlau verbracht habe.

Schau in Frieden zurück, was war, werde dir bewusst, wo du jetzt stehst und aktiviere deine Potentiale für dein weiteres Leben.

Folge deiner Leidenschaft. Die kurvenreiche Straße deines Lebens mit ihren erwarteten und unerwarteten Drehungen und Wendungen, hat dich an diesen Punkt gebracht. Lebe deine Leidenschaft und alles andere wird sich finden.

Tag 160, 161, 162, 163, 164, Coronakrise, Grüße zum Wochenende

Ich wünsche Euch und Euren Familien ein schönes Wochenende.

Diese Woche ist auch wieder wie im Fluge vergangen.

Es gab wieder reichlich Abwechslung und Zerstreuung für mich. Am Montag war ich zum Gute Laune Tanz in Altfriesack bei Sebastian K. im Garten. Anschließend haben wir uns noch etwas mit Sabine und Sebast6im Garten unterhalten.

Am Mittwoch fand dann wieder das Tai QiGong in Altfriesack statt. Dieses Mal trafen wir uns hinter der alten Schule im Garten. Es machte uns wieder herrlichen Spaß die 18 Übungen an der frischen Luft durchzuführen.

Heute bin ich dann wieder beim Rehasport in Neuruppin gewesen. Wir gingen heute wieder in die Halle und machten Übungen mit Stöckern und kleinen Ringen.

Tag 165, 166, Coronakrise, Wochenende

Ich wünsche Euch allen einen wunderschönen Sonntag voll Sonnenschein und Lebensfreude.

Morgen fahre ich wieder in die Onkologie nach Neuruppin. Ich bekomme dann wieder meine 1/4jährliche #Zometa Infusion. Ich hoffe, dass ich diese Infusion wieder gut vertrage. Blut wird auch wieder abgenommen und geprüft. Dann benötige ich noch ein neues Rezept für Letrozol.

Tag 167, Coronakrise, Zometainfusion und Trauer um Sibylle Zimmer

RIP Sybille, heute in den Morgenstunden habe ich davon erfahren, dass Sybille Zimmer für immer eingeschlafen ist. Komme gut über die Regenbogenbrücke, ich werde Dich nie vergessen. Du warst eine sehr mutige, lebensbejahende, motivierende Frau, mein Beileid gilt Deinem Mann und Deinem Sohn. Ich bin so froh und glücklich, dass ich Dich 2018 beim Spiritofsolidarity Kennenlernen durfte. Deine Seilschaft 8.

Seilschaft 8 vom Spirit of Solidarity. Liebe Sybille Dein Lächeln werde ich nie vergessen. Du warst eine tolle, mutige, starke Frau, die immer ein Lächeln in ihrem Gesicht hatte. Wir waren ein ganz tolles Team.

Tag 168, #Coronakrise, QiGong

Ich wünsche Euch allen eine gute Nacht.

Heute bin ich wieder beim Qigong gewesen. Es hat mir wieder großen Spaß gemacht.

Anschließend bin ich dann mit Sabine in Neuruppin gewesen. Wir haben dort am Rheinsberger Tor die Fahrkarten für das nächste Wochenende gekauft.

Anschließend sind wir noch im Banoi essen gewesen.

Irgendwann
verstehst du das Leben
und begegnest ihm mit einem Lächeln
weißt, welche Gedanken Verschwendung
sind und welche nicht.
Trocknest eventuelle Tränen und kümmerst
dich selbst um deine Wunden,
damit die Narben nicht zu groß werden.
Erkennst die Lügen, wenn Worte
und Taten nicht übereinstimmen.
Du brauchst keine Antworten mehr
auf manche Fragen, denn jeden Tag
erfährst und lernst du mehr.
Mit der Zeit weißt du, dass du nur die
Menschen in deinem Leben brauchst,
die auch dich brauchen.
Du erkennst 'wer' und 'was' für dich wichtig
oder unwichtig geworden ist
und lernst Menschen so zu sehen wie sie
wirklich sind.
Irgendwann verstehst du alles,
machst deine Augen auf,

siehst in vielen Dingen die Realität,
drehst dich um
und zeigst diesem Leben
dein schönstes Lächeln…

unbekannt

Tag 169, 170, Coronakrise, Erinnerung an Sibylle

Text von Carolin Z., eines der Mädels vom spiritofsolidarity. :

Heute bin ich nach einigem Zögern nun doch einen Teil der Via Francigena gegangen. Die Etappe steht eigentlich noch nicht an.

Nun haben wir auf der Urlaubsreise einen Halt in Martigny gemacht. Wunderschöne kleine Stadt, toller Campingplatz und ein großartiges Panorama. Aber der Gr. San Bernhard flößt mir gewaltig Respekt ein. Also los ging es und dem Ungewissen ins Gesicht geschaut. Meine Wanderung war toll und oho. Es ist doch so, wenn man etwas noch nie gemacht hat, kommt Unsicherheit, Angst oder auch alte Glaubenssätze hoch. Und das passiert mir, wenn ich weiß, ich muss 950 oder 1100 Höhenmetern an einem Tag schaffen, um in der Herberge anzukommen.

Diese Wanderung war aus zwei Gründen besonders: ich bin den Berg angegangen und ich habe viel über die Nicht-Selbstverständlichkeit des Lebens nachgedacht.

Immer wenn ich genervt war vom ständigen auf und ab, dachte ich ganz besonders an Sybille Zimmer mit der ich und fast 90 andere Frauen 2018 mit Spirit of Solidarity auf dem Breithorn (4165m) war. Wir, alle Frauen, haben/hatten Brustkrebs. Sybille ist vor einigen Tagen gestorben. Ich habe sie in Gedanken mit mir gehabt und alle anderen Frauen dieser Seilschaften auch!

Liebe, Carolin, ich spüre eine tiefe Verbundenheit, ich bekomme gerade Gänsehaut, wenn ich an Sybille denke und unseren Aufstieg auf das Breithorn. Ich werde diese tolle Zeit nie vergessen. Das war eine ganz tolle intensive Zeit in meinem Leben.

Ich lebe gern. Manchmal war ich zwar total unglücklich und verzweifelt, aber dennoch weiß ich, dass es großartig ist, überhaupt am Leben zu sein.

Tag 171, 172, 173, Coronakrise, Wochenstart

Ich wünsche Euch allen einen schönen Wochenstart.

Die waren Optimisten sind nicht überzeugt, dass alles gut gehen wird. Aber sie sind überzeugt, dass nicht alles schief gehen wird. Verfasser unbekannt

Meine Vorbereitung auf das Gespräch mit einem Arzt.:

Vorbereitung:

Was will ich erreichen?

Was will ich besprechen?

Wer begleitet mich?

Gut zu wissen:

Tag 174, 175, Coronakrise, Gartenidylle

Ich wünsche Euch allen einen wunderschönen Tag voller Sonnenschein.

Ich werde mich heute wieder etwas in meinem Garten betätigen und die Gartenidylle genießen.

„Wir müssen bereit sein, uns von dem Leben zu lösen, das wir geplant haben, damit wir das Leben finden, das auf uns wartet" -Joseph Campell-

Tag 176, Coronakrise, Wir bleiben zu Hause und Vorfreude

Ich wünsche Euch allen einen wunderschönen Tag voller Freude und Glück.

Tag 177, 178, 179, 180, Coronakrise, Gesundheitstagung 2020 im Schloss Blankensee, Besuch im Kuchengarten

Ich lasse gerade die letzten Tage Revue passieren. Mir fallen sehr viele magische Momente ein.

Am Donnerstag saß ich noch zu Hause und fragte mich, ob ich mich am Freitag überhaupt auf dem Weg nach Blankensee machen kann.

Am Freitag früh war es dann endlich soweit. Ich bin zusammen mit 2 anderen Frauen aus Neuruppin und Umgebung nach Blankensee ins Schloss gefahren. Wir trafen uns dort mit den Bewegte Frauen aus Berlin zu den Gesundheitstagen.

Am ersten Tag trafen wir uns zu einer kleinen Wanderung in den Naturpark in der Nähe von Blankensee.

Tag…, Coronakrise, Wochenrückschau in Bildern

Gestern hatten uns unsere schwedischen Feriengäste zum Abendbrot in den Gasthof zum Alten Zieten eingeladen. Ich habe dort Zander mit Gemüsebeilage gegessen. Es hat vorzüglich geschmeckt.

Um 20:00 Uhr trafen wir uns dann mit den Gute Laune Tänzern zum Auftritt auf einer 70.Geburtstagsfeier im Saal bei Miesner. Unsere 4 Tänze haben diesmal sehr gut geklappt. Der Jubilar hat sich sehr über unsere Darbietung gefreut. Wir bekamen dann noch ein Gläschen Sekt ausgegeben.

Ab und zu sollten wir uns alle einmal im Schneckentempo bewegen, um unsere Achtsamkeit zu üben. Ich wünsche Euch allen ein schönes Wochenende mit vielen entspannten Momenten.

Tag…, Coronakrise, Wochenende und Line Dance

Es war ein schöner Nachmittag auf der Mustang Ranch.

Tag …, Coronakrise, Erinnerung an unseren gemeinsamen Familien- Rügenurlaub im Juli 2020

Ich habe gerade an unseren schönen Urlaub am Anfang des Sommers gedacht.

Da sind wir wie jedes Jahr wieder auf Rügen gewesen. Das ist unsere Trauminsel. Das besondere Highlight ist für uns immer eine Wanderung durch den Jasmunder Nationalpark. Übernachtet haben wir in diesem Jahr in der Villa Seeblick. Diese Villa hat uns ganz besonders gefallen. Wir hatten jeden Morgen einen herrlichen Blick auf die Altstadt von Sassnitz und auf die Ostsee auf den Hafen. Sonnen Auf- und Untergang war inclusive.

Glücksmöglichkeiten Vielen, die das Glück täglich von außen erwarten, fehlt nur der Zuruf, der sie ermahnt, in sich selbst zu sehen; sie würden dort in jedem Augenblick Glücksmöglichkeiten entdecken, deren Schönheit und Köstlichkeit alles übertrifft, was sie von einem kommenden Glück erwartet haben. Rainer Maria Rilke

Tag…, Coronakrise, Gute Laune Tanz, Bibliothek

Ich wünsche Euch allen einen schönen Dienstag. Heute früh bin ich schon sehr früh aufgestanden, um mit Manu zu walken. Als erstes fütterten wir die

Schafe. Sie freuten sich über unser Kommen und lassen gierig unser mitgebrachtes trockenes Brot.

Dann liefen wir weiter in den Wald. Wir umarmten unsere Bäume und holten uns Kraft.

Zurück zu Hause bereitete ich zuerst einmal das Frühstück für mich und meinem Mann zu.

Anschließend bin ich dann nach Fehrbellin gefahren, um eine Kleinigkeit für heute Abend einzukaufen.

In die Bibliothek bin ich dann auch noch gleich gegangen und habe meine Bücher abgegeben.

Gestern haben wir uns wieder zum Gute Laune Tanz getroffen.

Ich erinnere mich gerne an das Treffen mit den Bewegte Frauen im Schloss Blankensse. Hier konnten wir uns einmal wie Prinzessinnen fühlen. Hier trafen wir uns mit sehr vielen Frauen aus der SHG Bewegte Frauen zum Erfahrungsaustausch und zur Gestaltung von gemeinsamen Workshops.

Tag…, Coronakrise, 1.Oktober, Brustkrebsmonat

Ich wünsche Euch allen einen schönen Start in den Oktober. Der Oktober ist der Monat des Brustkrebses, indem darauf aufmerksam gemacht wird, dass jährlich in Deutschland ca.70000 Frauen in Deutschland an Brustkrebs erkranken. Bitte geht zur Vorsorge. Und wichtiger Bestandteil der Vorsorge ist dabei auch, die Brust selber anzutasten.

Tag…, Coronakrise, 3.Oktober 2020, 30 Jahre Deutsche Einheit

30.Jahrestag Tag der Deutschen Einheit, 3.Oktober 2020

Ich wünsche Euch allen einen schönen Tag der Deutschen Einheit.

Vor 30 Jahren haben wir zum ersten Mal den Tag der Deutschen Einheit gefeiert.

Meine Erinnerungen an diesen Tag vor 30 Jahren

In meiner Erinnerung sind wir an diesem Tag bei uns im Dorf im Gasthof zum Alten Zieten zur Disco gewesen.

Der Saal war rammeldicke voll. Auch im Kulturhaus fand an diesem Abend eine Disco statt. Wir trafen an diesem Abend ganz viele Leute wieder, die im Sommer 1989 die DDR über Ungarn verlassen hatten. Es war eine Wiedersehensfreude die ich empfand. Zumal wir im Sommer 1989 nicht wussten, ob wir die anderen, die über Ungarn geflohen waren, jemals wiedersehen werden.

Fall der Berliner Mauer am 9.November 1989

Ich bin heute noch froh, dass dann im November 1989 die Berliner Mauer gefallen ist. Es macht sich immernoch ein Gänsehautgefühl breit, wenn ich an diese bewegte Zeit denke. Unser aller Leben änderte sich von einem Tag auf den Anderen. Ich bin heute sehr froh, dass alles so friedlich abgelaufen ist.

Tag der Deutschen Einheit, Widervereinigung am 1.Oktober 1990.

Ein Jahr später wurde dann am 3.Oktober das erste Mal der Tag der Deutschen Einheit gefeiert. Die DDR wurde abgewickelt und wir wurden Bürger der Bundesrepublik Deutschland.

Leider wurden damals sehr viele Großbetriebe abgewickelt und wir hatten von einem Tag auf den anderen die Marktwirtschaft. Wir mussten erst noch lernen, wie das neue Gesellschaftssystem funktioniert.

Auch die Elektrophysikalischen Werke in Neuruppin wurden abgewickelt. Damals arbeitete ich im Konstruktionsbüro vom Rationalisierungsmittelbau. Ich konstruierte Vorrichtungen, Drehteile und andere kleine Maschinebauteile.

Die Mitarbeiter vom Konstruktionsbüro wurden alle auf Kurzarbeit 0 Stunden geschickt. Ich hatte damals das große Glück eine Umschulung zur EDV-Bürofachfrau bei Geiß und Partner zu machen. Das war genau zum richtigen Zeitpunkt. Kurz bevor die Umschulung vorbei war, fand ich eine neue Arbeitsstelle bei mir im Nachbarort Langen. Ich fing damals bei der Baufirma Geidel als Bauzeichnerin und kaufmännisch, technische Angestellte an zu arbeitet. Es war eine typische Ost-, Westfirma. Mein damaliger Chef kam aus Bremerhaven. In dieser Fa.

habe ich dann auch 20 Jahre lang gearbeitet. Leider ist die Firma dann 2012 in Insolvenz gegangen.

Ich habe danach dann ca. 1 1/2 Jahre bei skalli networks gearbeitet und dann nochmal eine Weiterbildung in Auto CAD 3 D und Auto CAD gemacht.

Dann fing ich bei GA Integra in Schildow zu arbeiten, einem Ingenieurbüro für Automation und Gebäudetechnik. Ich freute mich damals sehr auf diesen neuen Job.

Brustkrebsdiagnose im April 2014

Leider bekam ich dann im April 2014 die Brustkrebsdiagnose. Und das stellte mein ganzes bisheriges Leben erneut auf den Kopf. Kurze Zeit später kam dann auch noch die Diagnose, dass der Krebs gestreut hat uns ich Knochenmetastasen habe. Es war damals eine ganz schwere Zeit für mich. Aber heute kann ich sagen, dass es mir trotz meiner unheilbaren Erkrankung gut geht. Ich mache das Beste aus meinem jetzigen Leben. …Jeder Tag zählt.

Wie ging es weiter nach der Wiedervereinigung

Sehr viele machten sich selbstständig. Leider gibt es schon sehr viele von den damaligen Wiedereinrichtern nicht mehr. Mein Vater übernahm damals die Gärtnerei in Wustrau und wurde zum Wiedereinrichter. Er war stolz darauf, dass er nach der Wende den Schritt zur Selbstständigkeit wagte. Zum

Anfang lief es in der Gärtnerei prächtig. Aber leider machten dann nach ein paar Jahren die Supermärkte und Baumärkte auf und sogar Tankstellen boten frische Blumen und Obst und Gemüse an. Leider konnte mein Vater mit seiner kleinen Gärtnerei nicht mehr mithalten. Es war sehr traurig mit anzusehen, wie er im Jahr 2000 dann aufgeben musste, zum Teil aus gesundheitlichen Gründen, aber auch die große Konkurrenz durch die Baumärkte und Gartencenter. Es war eine traurige Zeit, dass für uns mit anzusehen, wie mein Vater daran kaputt ging.

Alte Gutsgärtnerei ehemals Gartencenter am Zietenschloss meines Vaters in Wustrau

3.Oktober 2020, 30.Jahrestag der Deutschen Einheit.

Heute früh bin ich mit einer Freundin an den Bungalows zwischen Wustrau und Altfriesack vorbeigelaufen. Da stand auf einmal ein älterer Herr vor uns und schaute mich an und fragte mich, ob ich aus Wustrau komme. Ich sagte ihm ja und dass ich die Tochter vom ehemaligen Gärtnermeister Voß bin und aus Wustrau bin. Er schaute mich an und sagte "Bertholds Tochter". Er kannte meinen Vater sehr gut. Er war sogar befreundet mit ihm und wir redeten über alte Zeiten. Das hat mich dann auf dem Heimweg emotional so sehr aufgewühlt, dass ich auf dem Rückweg nach Hause ein paar Tränchen vergossen habe. Und doch tat es sehr gut, dass sich jemand an meinen 2018 verstorbenen Vater erinnert.

5.10.2020, Coronakrise, Wochenanfang

Ich wünsche Euch allen einen schönen Wochenstart.

Heute bin ich ganz zeitig aufgestanden und bin im Wald zum Walking gewesen.

Ich bin gerade in Fehrbellin gewesen und habe einige kleine Einkäufe getätigt. Auf dem Parkplatz habe ich verschiedene Bekannte getroffen und mit ihnen erzählt. Ein Bekannter von mir ist vor ein paar Jahren an MS erkrankt. Er sagte mir, dass es ihm soweit ganz gut geht. Da er Frührentner ist, fehlen ihm die Sozialkontakte.

Wenn Du etwas wagst, wächst Dein Mut. Wenn Du zögerst, Deine Angst.

Heute Nachmittag hat mich meine Freundin Gabi besucht. Wir sind etwas am See spazieren gegangen. Ihr geht es zurzeit nicht so gut. Ich drücke ihr ganz fest die Daumen, dass es ihr bald wieder etwas besser geht.

Gebet
Mitleiden zu können, ist eine kostbare Gabe. Es macht uns zu tätigen Menschen, die den anderen ernst nehmen und für ihn sorgen. Gib uns die Gabe, mit anderen mitzufühlen und ihnen tatkräftig zur Seite zu stehen.

Schau dir "Durch Dich …" auf YouTube an

Morgens wenn ich aufwache und Du neben mir liegst…

Dieses schöne Liebeslied hat Raimund Scheel für seine Freundin geschrieben. Es verpasst mir Gänsehaut

Ich folge Raimund schon länger auf YouTube. Er hat sehr tiefgründige Texte und auch eine tolle Stimme.

Ich habe ihn vor kurzem im Ruppiner Feingebäck kennengelernt und Ihn live singen gehört. Seine Lieder gehen unter die Haut.

Wir unterhielten uns eine Weile miteinander. Er ging auch sehr offen mit seinen Erlebnissen um. Mir imponieren solche Ausnahmemusiker, die ihr Herz am rechten Fleck haben.

Gestern war ich wieder beim Gute Laune Tanz in Altfriesack. Es hat mir wieder großen Spaß gemacht.

Eben bin ich von meinem Zahnarzt zurückgekommen. Ich habe heute die Zahnreinigung machen lassen. Teilweise hat etwas weh getan, als die Zahnärztin mit dem Strahl, bzw. Um Zahnstein ab zu machen, unter das Zahnfleisch gekommen und es hat etwas geblutet. Durch die Coronakrise bin ich jetzt lange nicht mehr beim Zahnarzt gewesen. Meistens gehe ich dort 1/2 jährlich hin. Während der Behandlung habe ich versucht an etwas Schönes zu denken. Es ist mir ganz gut gelungen. Und doch ist es immer doch eine ganz schöne Strapaze.

Gebet
Mein Herz ist so oft von den vielen Sorgen des Alltags besetzt. Lass mich tief durchatmen und dann dort, ganz tief in mir den verborgenen Raum neu entdecken, den nur du füllst.

Schau dir "Slowing Down Line Dance" auf YouTube an, Tag…, Coronakrise, Line Dance und Qigong

Dieses Line Dance Lied habe ich neulich bei einem Workshop in Schönberg mitgemacht. Es macht mir großen Spaß. Demnächst wollen wir diesen Tanz in unserer Gute Laune Tanz üben.

Guten Morgen.

Ich habe den Tag mit etwas Qigong begonnen. Nachher gehe ich auch wieder in meinem Nachbarort Altfriesack zum Qigong. Da freue ich mich schon darauf. Es bringt mir eine herrliche Tiefenentspannung.

Gebet
Heile uns, Herr. Öffne unsere Augen, damit wir sehen lernen. Lass uns nicht wegschauen, wenn es unangenehm wird. Lass uns reden, auch wenn Schweigen unsere Ruhe sichern würde. Lass uns handeln, auch wenn es unbequem ist.

Tag…, Coronakrise, Radweginitiative für sichere Radwege von Radensleben nach Altfriesack,

Wustrau, Langen, Damkrug, Karwe, heute kommt der Robur von RBB Aktuell nach Albertinenhof.

An alle Unterstützer unserer Radwegeinitiative!!! Bitte kommt am Freitag, 09.10.2020 um 16.30 Uhr zum Robur-Bus von Brandenburg Aktuell. Er wird zwischen Langen und Wustrau auf der Höhe von Albertinenhof auf dem Feldweg Albertinenhof/Ecke Am Wald stehen. Von Wustrau kommend dürfen wir mit dem Fahrrad über das Gelände von M und F Rhinluch fahren. Bitte Mund-Nasen- Schutz nicht vergessen. Bitte die Information weiterleiten. Herzliche Grüße von Ute Feuerstack

Tag…, Coronakrise, RBB Aktuell, Bürgerinitiative für sichere Radwege.

Ich wünsche Euch allen einen schönen Sonntag. Am Freitag kam das RBB Aktuell Team nach Albertinenhof. Auch der Robur mit Herrn Rogge war anwesend. Es ging um unsere Bürgerinitiative Wustrau für sichere Radwege.

Tag…, Coronakrise, #Walking und #Waldbaden

Ich wünsche Euch allen einen wunderschönen Wochenstart. Was gibt es Schöneres an einem Montagmorgen? Für mich gehört Waldbaden und Walking zu meinem Wochenstart dazu. Das ist schon fast zu einem Ritual geworden. Hier tanke ich ausreichend Sauerstoff und fühle mich frei und glücklich. Ich grüße Euch alle aus Nah und Fern.

Tag..., Coronakrise, Ayurvedisch kochen

Ich wünsche Euch allen einen schönen Mittwoch.

Gestern traf ich mich mit einer Bekannten aus meinem Ort zum gesunden Kochen.

Wir bereiteten uns ein herrliches Hühnchen Curry in Mango Soße zu. Dazu gab es Reis. Es hat mir einen riesigen Spaß gemacht bei einer netten Unterhaltung die Schnippel Tante zu spielen.

Ayurvedisches Kochen macht Spaß und die Gerichte mit den außergewöhnlichsten Gewürzen schmecken auch sehr lecker.

Ayurveda: Wissen vom Leben

Meine Gedanken zum metastasierten Brustkrebstag

Ich denke, dass es mit metastasiertem Brustkrebs von Anbeginn anders ist. Er ist unheilbar aber im besten Fall chronifizier bar und gut behandelbar. Im schlechtesten Fall rafft er eine/n sehr rasch dahin. Keine/r von allen hat irgendetwas falsch gemacht. Der Verstorbenen wird viel zu wenig gedacht, fast, wie wenn die das Glück der Lebenden nicht trüben sollen. Ich habe mir vor kurzem den Awareness Film von METAvivor, ich glaub aus dem Jahr 2014, angesehen und alle darin Vorkommenden waren bereits verstorben. Eines der 10 Ziele der ABC Global Alliance ist die Überlebenszeit zu verdoppeln. Wir, die wir heute hier schreiben, sind in der glücklichen

Lage mit metastasiertem Brustkrebs zu leben. Möge es noch sehr lange so sein. Auf mich bezogen kann ich sagen, dass sich seit meiner Erkrankung und der damit verbundenen Diagnose im April 2014 sehr viel getan hat. Es ist jetzt viel leichter, Kontakt zu Mitpatienten*innen zu haben und die Forschung ist

Ich habe hier im Netz schon ganz viele tolle Frauen und Männer kennengelernt, die ähnliches wie ich erlebt und durchmachen mussten. Aber allen von uns ist der Austausch und natürlich auch die persönlichen Begegnungen sehr wichtig. Es hilft mir sehr mit meiner chronischen Erkrankung umzugehen.

Tag…, Coronakrise, Qigong

Heute Vormittag bin ich wieder zur Qigong Stunde in Altfriesack gewesen. Es hat mir wieder super gefallen und ich konnte mich dabei herrlich entspannen. Wir sind dort eine ganz tolle Truppe.

Hilde hat sich heute auch sehr bei uns bedankt: "Ich finde, wir sind eine richtig tolle Gruppe, bei der sich die Mitglieder freundlich, ja sogar liebevoll begegnen.

Das erfreut mein Herz   "

Liebe Hilde, ich finde das auch so sehr, wir behandeln uns alle sehr respektvoll und liebevoll. Es war heute wieder eine ganz besondere Stunde. Vielen lieben Dank an alle.

Nachlese von unserem letzten Treffen in Fehrbellin von unserer Selbsthilfegruppe aus

Gedanken an ein Treffen mit meiner Selbsthilfegruppe aus Fehrbellin von Monika W.: Unsere Gruppe, kein altes Eisen, Menschenrechtskonvention. In diesem Herbst wird die "Europäische Menschenrechtskonvention" 70 Jahre alt. Ein guter Anlass, sich bewusst zu machen, wir jung unveräußerliche Grundrechte für alle eigentlich sind! Es ist noch nicht so lange her, da verstand man sogar in Republiken den Menschen mehr als Untertan denn als freien Bürger. Es ist eine unglaubliche Errungenschaft, dass das heute anders ist. Und ich sehe mit Sorge, dass einige dies für zu selbstverständlich halten, während es andere sogar schon wieder in Frage stellen. Dabei haben die Generationen vor uns diese Freiheit unter großen Opfern für uns erstritten. Ich bin stolz auf dieses Erbe und froh, dass wir den Anspruch haben, dass es universal gilt: Für alle Menschen, an allen Orten. Leider ist dieser Anspruch – oder dieses Versprechen – nicht für alle und überall Wirklichkeit. In Weißrussland sehen wir gerade, wie auch in unserem Heimatkontinent noch Unfreiheit regiert – und in Ungarn sehen wir, wie schnell eine freiheitliche Ordnung wieder unter Druck geraten kann. Noch schlimmer wird es für die Lage der Menschenrechte, wenn wir über Europas Grenzen hinausblicken. Einige Staaten stellen sie heute sogar ganz grundsätzlich in Frage und sagen: Das wurde vom Westen aufgezwungen, das ist Erbe des Kolonialismus. Sicher stimmt es, dass vor 70 Jahren der Einfluss Europas und der USA standen und Ideen wie die der Aufklärung, zu der auch Rechte gehören, sich auch deshalb so schnell verbreiten und in weltumspannendes Völkerrecht gegossen werden konnten. Aber dies reflektiert ja trotzdem keine regionale Kultur, sondern grundlegende – eben universale – Einsichten in das Wesen des Menschen und der menschlichen Gemeinschaft. Da, ist es egal, wo sie entstanden sind und wie sie sich verbreitet haben. Im Gegenzug gibt es auch viele solcher Einsichten, die andernorts entstanden sind und von denen wir in Europa lernen müssen. Unser Wirtschaften auf Kosten der Schöpfung und künftiger Generationen sind nicht zukunftsfähig. Andere Kulturen leben uns vor, wie man besser im Einklang mit diesem Planeten und seinen Grenzen leben kann. Davon müssen wir heute lernen. So wünsche ich mir, dass die Menschheit sich mehr und mehr als weltweite Lerngemeinschaft begreift. Kein Volk, keine Nation, keine Religion allein hat alle Wahrheit und Erkenntnis. "Prüfet alles, das Gute behaltet" riet schon Apostel Paulus den Lesern seiner Briefe, die heute einen wichtigen Teil der christlichen Bibel formen. So sollten wir es halten. Für alle, überall.

Tag..., Coronakrise, Herbstliche Impressionen

Ich wünsche Euch und Euren Familien ein schönes Wochenende. Bei uns auf der Terrasse und im Garten und überall in der Natur ist der Herbst angebrochen.

Ich liebe die bunten Farben der Blätter. Das ist Balsam für meine Augen und meine Seele.

Gestern Abend hatten wir liebe Gäste bei uns zu Hause. Wir haben ein Gericht aus einem Dutchoven gegessen. Ich bin begeistert, wie herrlich das Gericht mit Fleisch, Speck, Paprika, Kartoffeln im Dutchoven geschmeckt hat.

Ein Dutch Oven, auch Camp Oven, chuck wagon oven und Dopf genannt, ist ein dreibeiniger Topf aus Gusseisen, der aufgrund seiner drei Füße am Boden als Grapen direkt in ein offenes Feuer gestellt und mit einem passenden Deckel verschlossen werden kann.

Diese Form eines Grapens wurde von deutschsprachigen Auswanderern – „dutch" hießen niederdeutsch sprechende Niederländer wie Deutsche – in alle Welt exportiert, insbesondere in die Vereinigten Staaten, Südafrika sowie Australien. Die Bezeichnung „oven" (englisch für Ofen) rührt daher, dass in dem Topf beispielsweise auch Brot gebacken werden kann (Topfbrot). Die hierfür erforderliche hohe Temperatur liefert das offene Feuer; in der ersten Phase des Brotbackens wird der Topf geschlossen gehalten, wobei der aus dem Brotteig entweichende Wasserdampf unter einem schweren Deckel gestaut wird. Anschließend wird der Deckel abgenommen, der Dampf ausgeschwadet und das Brot offen zu Ende gebacken, wobei sich eine starke Kruste bilden kann.

Dutch oven gegart ist. Wir haben nur ein paar Grillbriketts benötigt, um es zu garen. Es hat herrlich geschmeckt. Es war ein toller Abend mit vielen tollen Momenten am Feuer.

Tag…, Coronakrise, Erinnerung an Chadia

Tag…, Coronakrise, Herbstdekoration

Ich grüße Euch und wünsche Euch einen wunderschönen Tag. Heute gehe ich wieder zum Qigong und freue mich darauf.

Leider hört man derzeit wieder an jedem Tag das die Corona zahlen derzeit immer steigen. Das macht mir doch ganz schön Angst. Das ganze öffentliche Leben ist eingeschränkt. Aus hat Auswirkungen auf unser aller Leben. Und trotzdem hoffe und bete ich, dass alles bald wieder besser wird. Ich versuche mich noch mehr an der frischen Luft und im Wald zu bewegen.

Qigong ist auch ein gutes Mittel um mich zu entspannen und mich abzulenken.

Ich versuche meine Kontakte weitestgehend zu beschränken

Menschenansammlungen zu vermeiden.

Mich draußen im Garten zu bewegen

Den Herbst zu genießen.

Und natürlich mich gesund zu ernähren und gönne mir ausreichend Schlaf.

Meine nächste Zomentainfusion bekomme ich Anfang Dezember. Ich finde es toll, dass ich nun nur noch alle 1/4 Jahre in die Onkologie muss. Es besteht derzeit auch ein Risiko in den Krankenhäusern. In den Ruppiner Kliniken besteht derzeit Besuchsverbot.

Tag…, Coronakrise, Morgenspaziergang

Heute früh bin ich schon sehr früh wach gewesen. Nachdem ich mich ein bisschen frisch gemacht habe, begab ich mich auf meinen morgendlichen Spaziergang. Heute früh hauchte mich ein warmer Wind an. Es verpasste mir Gänsehaut.

Schau dir "Qigong – Die 18 Übungen für Anfänger" auf YouTube an

Seit einer ganzen Weile führe ich Qigong Übungen aus. Es tut mir sehr gut.

Schau dir "Durch Dich …" auf YouTube an

Morgens wenn ich aufwache Du neben mir liegst… und…Dieses schöne Liebeslied hat Raimund Scheel für seine Freundin geschrieben. Es verpasst mir Gänsehaut

Ich folge Raimund schon länger auf YouTube. Er hat sehr tiefgründige Texte und auch eine tolle Stimme.

Ich habe ihn vor kurzem im Ruppiner Feingebäck kennengelernt und Ihn live singen gehört. Seine Lieder gehen unter die Haut.

Wir unterhielten uns eine Weile miteinander. Er ging auch sehr offen mit seinen Erlebnissen um. Mir imponieren solche Ausnahmemusiker, die ihr Herz am rechten Fleck haben.

Gestern war ich wieder beim Gute Laune Tanz in Altfriesack. Es hat mir wieder großen Spaß gemacht.

Eben bin ich von meinem Zahnarzt zurückgekommen. Ich habe heute die Zahnreinigung machen lassen. Teilweise hat etwas weh getan, als die Zahnärztin mit dem Strahl, bzw. Um Zahnstein ab zu machen, unter das Zahnfleisch gekommen und es hat etwas geblutet. Durch die Coronakrise bin ich jetzt lange nicht mehr beim Zahnarzt gewesen. Meistens gehe ich dort 1/2 jährlich hin. Während der Behandlung habe ich versucht an etwas Schönes zu denken. Es ist mir ganz gut gelungen. Und doch ist es immer doch eine ganz schöne Strapaze.

Gebet
Mein Herz ist so oft von den vielen Sorgen des Alltags besetzt. Lass mich tief durchatmen und dann dort, ganz tief in mir den verborgenen Raum neu entdecken, den nur du füllst.

Schau dir "Slowing Down Line Dance" auf YouTube an, Tag…, Coronakrise, Line Dance und Qigong

Dieses Line Dance Lied habe ich neulich bei einem Workshop in Schönberg mitgemacht. Es macht mir großen Spaß. Demnächst wollen wir diesen Tanz in unserer Gute Laune Tanz üben.

Ich habe den Tag mit etwas Qigong begonnen. Nachher gehe ich auch wieder in meinem Nachbarort Altfriesack zum Qigong. Da freue ich mich schon darauf. Es bringt mir eine herrliche Tiefenentspannung.

Gebet
Heile uns, Herr. Öffne unsere Augen, damit wir sehen lernen. Lass uns nicht wegschauen, wenn es unangenehm wird. Lass uns reden, auch wenn Schweigen unsere Ruhe sichern würde. Lass uns handeln, auch wenn es unbequem ist.

Tag…, Coronakrise, Wochenende und Hoftrödel

Ich wünsche Euch allen einen schönen Sonntag.

Gestern haben wir bei uns zu Hause einen Hoftrödel veranstaltet. Dafür haben wir vorher unseren Keller ausgeräumt.

Um 10:00 Uhr starteten wir unseren Markt. Es machte mir großen Spaß, die Leute aus nah und fern zu begrüßen.

Für das leibliche Wohl war auch gesorgt. Wir buken Waffeln nach einem Rezept aus meiner Kindheit. Es gab Kaffee und Glühwein.

Unser Trödelmarkt war recht erfolgreich. Vielen Dank an die vielen netten Leute aus nah und fern.

Wir haben noch diverse Teile übrig.

Bei Rückfragen könnt ihr gerne Kontakt aufnehmen.

Heute Nachmittag haben wir Waffeln gebacken. Dieses Mal sind sie mir besonders gelungen. Es gab noch Apfelmus und Schlagsahne dazu. Es hat uns lecker geschmeckt.

Dann wirst Du hören, wie die Stille zu Dir spricht, und verstehen: Das Glück ist immer da. Es will sich verschenken. Und dann komme an. Bei Dir.

Tag…, Coronakrise, Wochenstart

Ich wünsche Euch allen einen schönen Wochenstart.

Tag…, Coronakrise, Mittwoch

Gestern früh bin ich wieder durch den Wald spazieren gegangen. Ich atmete die herrliche Luft ein.

Am Vormittag sind wir dann in Neuruppin gewesen, um einen Hänger anzumelden.

Unsere Einkäufe tätigten wir auch gleich noch. Wir vermeiden es derzeit am Freitag und Sonnabend einkaufen zu gehen. Da sind die meisten Leute unterwegs. Gestern war es dann relativ entspannt mit unserem Einkauf.

Möge die Schönheit deines Herzens der Grund sein, weshalb sie dich lieben.

Auf einen anderen Blog habe ich heute die Beschlüsse vom 28.10.2020 in leichter Sprache gefunden:

28.10.2020

Neue Corona Regeln für ganz Deutschland

Heute hat sich Angela Merkel mit anderen Politikern und Politikerinnen getroffen.
Mit Politikern und Politikerinnen aus den Bundes-Ländern.
Sie haben sich beraten.
Sie haben beschlossen:
Diese neuen Corona-Regeln gelten jetzt in Deutschland.

Vom 2. November bis zum 30. November 2020 gibt es einen Teil-Lockdown.
Das heißt:
Die Corona-Regeln werden wieder strenger.
Aber nicht alles wird geschlossen.

DAS SIND DIE NEUEN CORONA-REGELN AB DEM 2. NOVEMBER:

Schulen und Kindergärten bleiben geöffnet.

Restaurants, Discos und Kneipen schließen.
Sie bleiben den ganzen Monat November geschlossen.
Aber es gibt Ausnahmen:

Kantinen bleiben weiter geöffnet.
Und man darf sich in Restaurants Essen zum Mitnehmen bestellen.
Man kann es dann zu Hause essen.

Geschäfte bleiben weiter geöffnet.
Aber:
Nur ein Kunde darf auf 10 Quadrat-Metern im Geschäfts-Raum sein.

Super-Märkte bleiben weiter geöffnet.
Aber:
Es gibt wieder strengere Regeln im Super-Markt.
Es dürfen nicht zu Viele Menschen gleich-zeitig in den Super-Markt.

Hotel-Übernachtungen sind in ganz Deutschland verboten.
Urlaubs-Reisen in Deutschland sind nicht erlaubt.
Geschäfts-Reisen sind erlaubt.

Theater, Opern oder Konzert-Häuser schließen.
Sie bleiben den ganzen Monat November geschlossen.

Große Sport-Veranstaltungen dürfen nur ohne Zuschauer und Zuschauerinnen statt-finden.
Das gilt auch für die Fußball Bundes-Liga.

Aber:
Die Spiele dürfen statt-finden.

Sport-Hallen für den Freizeit-Sport schließen.
Fitness-Studios auch.
Aber:
Alleine darf man noch Sport machen.
Draußen im Freien oder zu Hause.

Nur noch Personen aus 2 Haushalten dürfen sich treffen.
Im Moment gilt:
Alle sollen sich weniger mit anderen Menschen treffen.
Man soll weniger Kontakte haben.
Treffen in großen Gruppen sind verboten.
Es dürfen sich nur bis zu 10 Menschen gleich-zeitig treffen.
Und:
Es dürfen sich nur noch Menschen aus 2 Haushalten treffen.
Also zum Beispiel 2 Familien.
Oder eine Wohn-Gemeinschaft und eine alleine lebende Person.
Diese Regel gilt nur für Treffen im öffentlichen Raum.
Also zum Beispiel in der Innen-Stadt.
Oder in einem Park.

Manche Menschen halten sich nicht an diese Regel.

Dann müssen sie eine Strafe bezahlen.

Kosmetik-Studios, Massage-Praxen und Tattoo-Studios werden geschlossen.
Sie bleiben den ganzen Monat November geschlossen.

Friseur-Salons bleiben weiter geöffnet.
Sie müssen sich weiter an die Hygiene-Regeln halten.

Medizinische Praxen bleiben geöffnet.
Zum Beispiel Praxen für Physio-Therapie oder Logopädie.

Unterstützung durch Geld gibt es länger als geplant.
Manche Firmen bekommen im Moment Unterstützung vom Staat.
Sie bekommen Geld.
Weil die Firmen gerade nicht arbeiten können.
Diese Hilfen soll es weitergeben.
Die Hilfs-Programme werden verlängert.

Auch kleine Firmen bekommen Kredite.
Ein Kredit heißt:
Ich leihe mir Geld.
Im Moment gibt es besondere Kredite.
Man kann sie leichter bekommen.

Es sind Kredite für Firmen.
Weil die Firmen gerade nicht arbeiten können.
Diese Kredite gibt es jetzt auch für kleine Firmen.
Auch für Firmen mit weniger als 10 Mitarbeitern und
Mitarbeiterinnen.

So Viele Menschen wie möglich sollen von zu Hause
aus arbeiten.
Zu Hause ist man im Moment am besten geschützt.
Die Chefs und Chefinnen sollen sich darum
kümmern.

Menschen aus der Risiko-Gruppe sollen besonders
gut geschützt werden.
Das sind zum Beispiel alte Menschen.
Oder manche Menschen mit Behinderung.
Sie leben oft im Alten-Heim.
Oder in Wohn-Heimen.
Darum sollen an diesen Orten besonders viele
Corona-Tests gemacht werden.
Und die Test-Ergebnisse sollen schnell fertig sein.

Freizeit-Parks und Spiel-Hallen werden geschlossen.
Sie bleiben den ganzen Monat November
geschlossen.

Angela Merkel sagt:
"Wir müssen handeln – und zwar jetzt."

Tag..., Coronakrise, Stille

Stille, Stille ist ein Fremdwort unserer Tage. Stille steht gegen den Trend. Wettkampf der Lautstärke ist angesagt. Nicht die Botschaft der leisen Töne. Und doch sehnen wir uns danach: Endlich einmal zur Ruhe kommen. Zu sich selbst kommen. Wir brauchen also Stille. Denn in der Stille kommen wir zur Begegnung mit Gott und damit uns selber. Still werden – das ist keine Methode, das ist eine Lebenseinstellung.

In diesem Sinne wünsche ich Euch allen eine Gute Nacht. #andrea-v.de, #lebenseinstellung

Tag..., Coronakrise, erneuter Lockdown im November

Ich wünsche Euch allen ein schönes Wochenende.

Kommt gut durch die nächste Zeit. Ich werde jetzt wohl wieder etwas kreativer werden.

Gestern Nacht konnte ich z.B. gar nicht schlafen. Es gingen mir einfach sehr viele Dinge durch den Kopf.:

Manchmal kann ich nachts schlecht schlafen und dann gucke ich in meinem Blog und denke an die vielen lieben Menschen, die mir schon begegnet sind und auch wie tapfer und mutig alle mit ihrer Erkrankung umgegangen sind. Es gibt seit meiner Erkrankung so viel tolle Begegnungen mit Menschen, denen ich sonst nie begegnet bin. Ich schöpfe aus diesen Begegnungen, Gesprächen ganz viel Kraft und

Mut. So einige von den lieb gewonnenen Menschen habe ich leider schon verloren. Ich sende Euch allen Mut und Kraft auch weiter für da oben. Aber auch ganz viel Mut und Kraft für alle Menschen aus nah und fern, dass wir durchhalten und durch die derzeitige Krise kommen. #mutig, #begegnung, #breastcancer, #durchhalten, #mut, #talkaboutcancer, #andrea-v.de, #corona, #gedanken, #demut

Tag…, Coronakrise, Bewegte Frauen

Ich habe einen Text von Theodor Fontane am 31.10.2019 spontan umgedichtet zur Begrüßung der Bewegte Frauen:

"An einem Herbstmorgen
Da nimm den Wanderstab
Es fallen deine Sorgen
wie Nebel von dir ab.

Des Himmels Bläue
lacht dir ins Herz hinein,
und schließt, wie Gottes Treue,
mit seinem Dach dich ein.

Wir, die Wandermädels aus Neuruppin, begrüßen euch und haben viel tolles mit euch im Sinn. Wir wollen euch heute unsere schöne Fontanestadt Neuruppin zeigen.
und ihr alle reiht euch ein in unserem Reigen.
Wir wandern heute auf den Spuren von Fontane, ihn wird es freuen, wenn er das hier "ahne"!"

#gedicht, #Fontane200, #bewegtefrauen, #Neuruppin, #neuruppin.net, #andrea-v.de

Tag…, Coronakrise, Terroranschlag in Wien

Gestern ist ein sehr schlimmer und schwerer Tag, aber es wird wieder Freude in unser Leben kommen,

Ich bin tief erschüttert von den Ereignissen in Wien. Ich finde es unwahrscheinlich grausam, was dort gestern passiert ist. Ich kann es einfach noch nicht fassen. Ich bin zutiefst traurig. Mein Mitgefühl gilt den Opfern und Angehörigen. Nichts ist mehr so wie es war. Gerade in dieser Coronakrise wurden die Österreicher und wir alle aufs Tiefste verletzt. Der Schmerz sitzt tief.

Heute Nachmittag habe ich unser Auto in die Werkstatt gebracht. Sabine D. war so lieb und holte mich von der Werkstatt mit ihrem Auto ab. Das fand ich super klasse. Da wir in der Nähe von Rohrlack waren, hatte ich die spontane Idee sie ins Vollkern Cafe nach Rohrlack einzuladen. Als wir dort eintraten, setzten wir dann unsere Masken auf. Ich spendierte uns je ein veganes Apfelstückkuchen und eine Tasse Kaffee zum Mitnehmen. Durch den Lockdown musste wir das Cafe wieder verlassen und setzten uns draußen auf die Bank vor dem Bioladen. Wir ließen es uns schmecken. Der Kuchen war super lecker und auch der Kaffee war super. Wir tankten ein paar Sonnenstrahlen und genossen den Nachmittag.

Tag…, Coronakrise, Gute Nacht, Meditation

Ihr Lieben, gestern habe ich mir Jammern erlaubt, heute aber ist Schluss damit. Kopf hochgehalten, Rücken gerade, Schultern zurück, und vorwärts mit Zuversicht und Lebensmut! Nach dem Dunkel, kommt das Licht. Immer!

Tag…, Coronakrise, Linedance, Das Leben feiern.

Das Leben feiern

Die Tage werden kurz und kürzer, wir stellen Kerzen auf, um die frühen Abende zu erhellen. Wir genießen das Zusammensein mit der Familie.

Heute Nachmittag haben wir uns im Garten betätigt. Ich habe die Walnussblätter weck geharkt. Und ich habe die Mittagssonne noch einmal genossen. Es war einfach herrlich.

Bratkartoffeln mit Kürbis, Schinkenspeck und Zwiebeln, Spinat und Spiegelei. Es hat herrlich geschmeckt.

Andrea Voß | Cancer Unites, Freitag, den 06.11.2020

Jede Krise birgt auch tolle Chancen.

Ein mikroskopisch kleiner Virus stellte seit einigen Wochen unsere ganze Welt auf den Kopf. Aufgrund von SARS-CoV-2, das die Lungenerkrankung COVID-19 auslösen kann, ist unser gesellschaftliches Leben beinahe vollständig zum Erliegen gekommen. Veranstaltungen wurden und werden abgesagt. Geschäfte und Restaurants sind geschlossen. Viele Arbeiten aus dem Homeoffice.

Lasst uns alle auf bessere Zeiten hoffen. Ich wünsche Euch allen aus Nah und Fern ein schönes Wochenende.

Tag…, Coronakrise, Sonntagswünsche

Ich wünsche Euch allen aus nah und fern einen schönen Sonntag.

Die USA hat gewählt. Joe Biden hat das Rennen gemacht. Ich gratuliere ihm zum Wahlsieg.

Glücklich machen ist das höchste Glück. Theodor Fontane

+++ US-Wahlen 2020 +++: „Die amerikanische Demokratie hat Trump überlebt" – Pressestimmen zu Bidens Wahlerfolg – Handelsblatt

Tag…, Beweg dich gegen Krebs

Ich war gerade 01:10 Std. walken. Mach doch auch mit! Hier kannst du mitmachen: https://beweg-dich-gegen-krebs.de/ #BewegDichGegenKrebs

Tag …, Coronakrise, Walking im November und Entspannung

Heute ist wieder einer der trüben Novembertage. Ich bin heute schon sehr früh walken gewesen. So bekomme ich klare Gedanken und beginne den Tag frisch und munter. Und trotzdem fühle ich mich ein wenig matt und müde. Werde mich daher etwas ausruhen, entspannen und ein paar Qigong Übungen machen.

Wie man sich entspannt? Sprechen Sie langsam und ruhig indem sie Melodie eines jeden hervorheben eine Reihe von Wörtern aus, die Ruhe und Frieden ausdrücken, wie beispielsweise Stille, Gelassenheit, Ruhe, Gleichmut, Frieden. Sagen Sie das Folgende: es besitzt eine erstaunliche Macht, den Geist zu beruhigen und den Körper zu entspannen: "Bewährten Sinn bewahrst du in Frieden…" (Jesaja 26,3), Wiederholen Sie die mehrere Male im Verlaufe des Tages, und sie werden sich entspannen.

Heute sind wir mit der Hecke fertig geworden. Sie musste unbedingt wieder geschnitten werden. Morgen kommen die Grüncontainer und da können wir den Heckenschnitt hinbringen. Es ist jedes Jahr immer wieder ganz viel Arbeit, die wir gemeinsam vollbringen. Wir sind dann auch immer sehr froh, wenn wir es geschafft haben.

Jetzt heißt es erst einmal ausruhen.

Ich wünsche Euch allen einen schönen Abend.

In Erinnerung an meine Wegbegleiterin Gabi

4. Oktober 2020

Ich habe um 7:40 Uhr auch am 8.10. Dann bist Du genau nach mir dran. Ich fahre dann mit dem Fahrrad nach Hause und frühstücke mit Karsten. Dann habe ich Zeit für Dich. Wir können dann gerne mal wieder etwas spazieren gehen. Ich freue mich auf Dich liebe Gabi.

Ja gerne.

8. Oktober 2020

Heute kam uns Gabi zu Hause dann besuchen. Sie kam gleich nach ihrem Termin bei meiner Physiotherapeutin bei uns zum Frühstück vorbei. Wir freuten uns sehr sie zu sehen. Wir hatten uns eine Menge zu erzählen, weil wir uns schon eine ganze Weile nicht mehr persönlich gesehen haben.

Wir gingen dann noch ein wenig durch Wustrau spazieren. Zuerst Am Schloss und dann an der Mühle vorbei, entlang der Bleiche, durch die Gartenstraße, den Flatower Weg bis hin zur Rhinbrücke. Hier bogen wir ab in Richtung Bützsee und gingen immer weiter entlang des Rhins. Wir unterhielten uns sehr innig miteinander. Ich hatte irgendwie das Gefühl, dass es Gabi gar nicht gut ging. Und trotzdem ich machte ihr immer wieder Hoffnung das alles wieder gut wird. So ist es in den letzten Jahren ja immer gewesen. Ich konnte mir einfach zu diesem Zeitpunkt nicht vorstellen, dass sie bald sterben würde. Wir hatten noch so viele gemeinsame Pläne miteinander. Ich konnte mich mit Gabi immer über alle Themen unterhalten. Es tat mir so gut mich mit ihr auszutauschen.

Liebe Gabi, es war ein wundervoller Vormittag mit Dir. Wünsche Dir noch einen schönen Tag

1.Dezember 2020

Gabi: Artikel schön geschrieben nur Theorie und Praxis stimmen für mich in dieser Praxis überein. Oder hat man dir schon freiwillig eine 2 Meinung angeboten oder Erfahrungsmäßig beraten. Oder hat Herr Löschner ein einfühlsames Gespräch geführt. Aber man kann sich viel schönschreiben

Oh ja liebe Gabi, es ist einfach nur schöngeschrieben. Ich wusste auch gar nicht, dass dort eine Misteltherapie angeboten wird. Ich bin gestern wieder zur Infusion gewesen. Sylke hat mich bedient. Alle waren freundlich. Einen neuen Termin habe ich wieder nicht bekommen. Ich soll anrufen. Ich wünsche Dir einen wunderschönen Tag.

6.Dezember 2020

Liebe Gabi, wir wünschen Dir und Deiner Familie einen schönen 2.Advent. Ich konnte Karsten heute zu einer Fahrradtour überreden. Es hat Spaß gemacht. Sind nun wieder zu Hause und ruhen uns aus. Das nächste Mal kommen wir mit ran, versprochen.

Gabi. Euch auch einen schönen Advent

8.Dezember 2020

Habe Montag CT. Luftmäßig geht es mir nicht gut. Gibs ist heute abgekommen dafür habe ich eine Orthese bekommen. Ist noch nicht ganz zusammengewachsen. Melde mich, wenn ich Befundung habe. Euch einen schönen Abend

Liebe Gabilein, soweit ist es erstmal gut, dass der Gips ab ist. Ich drücke Dir die Daumen für Montag und hoffe ganz dolle, dass es mit der Luft besser wird. Ich denke an Dich. Für Euch auch einen schönen Abend. Lg Karsten und Andrea

13.Dezember 2020

Liebe Gabi, ich drücke Dir die Daumen für heute fürs CT. Ganz liebe Grüße von Andrea

Gabi Vielen lieben Dank

Hallo liebe Gabi, ich habe heute ganz fest an Dich gedacht. Wie war denn Dein CT?

Gabi Hat alles geklappt. Wann ich den Befund bekomme weiß ich noch nicht. Hoffe noch diese Woche.

Ich drücke Dir die Daumen, dass Du nicht so lange warten musst. 1

18.Dezember 2020

Gabi: Hallo meine liebe Andrea. Habe meinen Befund. Sieht dieses Mal nicht so Berauschend aus. Gehe am 7.1.2021 ins Krankenhaus zum Lungen OP das soll mir Erleichterung bringen. Bis dahin bekomme ich

Morphium und Sauerstoff zur Erleichterung. Wollte nicht mehr vor Weihnachten ins Krankenhaus. Freue mich das ich Weihnachten bei meiner Familie sein kann. Leider ist dieses Mal nicht nur im Lungenspalt Wasser, sondern direkt in der Lunge. Aber werde auch das schaffen. So nun wünsche ich dir und deiner Familie alles liebe einen schönen Geburtstag und eine dicke Umarmung von hier.

Hallo liebe Gabi, ich drücke Dich ganz dolle und wünsche Dir eine schnelle Erleichterung und auch das das Morphium und Sauerstoff Dir hilft. Ich denke ganz fest an Dich. Ich wünsche auch Dir und Deiner Familie ein Frohes Fest. Ich werde für Dich beten liebe Gabi, alles wird gut. Du bist eine ganz tolle starke Frau. Ich habe Dich lieb.

20.Dezember 2020

Guten Morgen, liebe Gabi, wir wünschen Dir und Deiner Familie einen schönen 4.Advent. Lg Andrea

Gabi König: Hab dich lieb

Liebe Gabi, ihr habt einen schönen Baum, ich habe Dich auch lieb.

Gabi König: Haben meine Enkelkinder aus dem Wald geholt.

Das ist ja eine Überraschung. Er sieht sehr schön aus.

Guten Morgen. Oh lecker. Das konnte ich das erste Mal nicht machen. Lecker Plätzchen backen. Wünsche euch auch einen schönen 4. ADVENT

23.Dezember 2020

Liebe Gabi, Du bist für mich so ein Mensch. Ich wünsche Dir alles Liebe und Gute. Möchtest Du gerne mal mir mit telefonieren? Ich bin zu Hause.

24.Dezember 2020

Hallo meine liebe Andrea alles liebe zum Geburtstag. Eine dicke Umarmung. Ich hoffe du hast einen schönen Geburtstag und einen wunderschönen Heiligen Abend mit deinen lieben.

Liebe Gabi, ich wünsche Dir einen wunderschönen Guten Morgen. Ich hoffe sehr, dass es Dir gut geht. Ich denke sehr oft an Dich. Ich drücke Dich und schicke Dir ganz viel Kraft. Lg Andrea Von Karsten auch ganz liebe Grüße an Dich.

Gabi: Guten Morgen meine liebe Andrea. Leider geht es mir nicht gut. Luftnot ist schlimmer geworden. Das Sauerstoffgerät hilft auch nicht wirklich. Bekomme Morphium und Schmerzmittel. Montag habe ich nun mein Gespräch mit dem Thoraxchirurgie und nächste Woche Donnerstag werde ich voraussichtlich Operiert. Das schlimmste ist das man alles alleine durchmachen muss, weil man niemanden mitnehmen darf. Vor dem operieren nicht und nach dem OP nicht. Metastasen sind mehr geworden. Und dieses Mal nicht nur im Lungenspalt Wasser, sondern direkt in der Lunge. Hoffe bei euch sieht es besser aus. Kann noch nicht einmal spazieren gehen, weil mir die Kraft fehlt. Habe 14 kg abgenommen. Gott sei Dank hatte ich ja genug. Ich wünsche euch einen schönen neuen Jahreswechsel. Alles liebe Gabi

Meine liebe Gabi, ich drücke Dich und denke ganz fest an Dich. Es tut mir so leid, dass es Dir nicht gut geht. Ich bete für Dich und schicke Dir ganz viele schöne Gedanken. Mit der schlechten Luft bekommen, dass finde ich sehr schlimm. Auch, dass Du schon so viel abgenommen hast. Ich möchte Dir so gerne etwas Gutes tun. Mir ging es in den letzten Tagen auch nicht so besonders. Ich hatte ganz schlimme Schmerzen im Unterkiefer. Gestern war ich bei einer Frau Dr. Seedorf zum Bereitschaftszahnarzt. Es hatte sich was in den Zahntaschen festgesetzt. Aber nun geht es mir wieder etwas besser. Ein junger Zahnarzt hat das alles von ganz unten rausgeholt. Das tat weh, aber es hat geholfen. Der Zahnarzt sagte mir gleich, dass er auf keinen Fall die Zähne ziehen würde, …

Gabi: Vielen lieben Dank. Wünsche dir mit deinen Zähnen auch alles Gute.

Vielen lieben Dank Du Liebe. Von Annelie soll ich Dir ganz liebe Grüße bestellen.

31.Dezember 2020

Liebe Gabi und Familie, wir wünschen Euch einen guten Rutsch ins neue Jahr 2021. Mögen alle unseren Wünschen in Erfüllung gehen.

2. Januar 2021

Liebe Gabi, ich wünsche Dir eine Gute Nacht. Schlafe schön. Es war heute schön, dass Friederike mich zum Walken besucht hat. Wir haben sehr viel an Dich gedacht und glauben ganz fest daran, dass es Dir bald wieder besser geht.

3. Januar 2021

Gabi: Liebe Andrea freue mich das ihr einen schönen Tag hattet. Bei mir wird es Zeit das das Wasser aus der Lunge kommt. Mir geht es nicht gut. Morgen ist ja nun erstmal das Gespräch mit der Thoraxchirurgie. Hoffe das die OP dann Donnerstag stattfindet. Liebe Grüße Gabi

Liebe Gabi, ich drücke Dich ganz dolle und hoffe von ganzem Herzen, das sie Dir das Wasser aus der Lunge holen und die OP am Donnerstag auch stattfindet. Lg Deine Andrea und Karsten

Gabi Dankeschön

4. Januar 2021

Hallo liebe Gabi, ich hoffe das Gespräch mit dem Thorax Chirurgen hat heute stattgefunden. Ich habe Dir ganz doll meine Daumen gedrückt. Ich hoffe das Beste für Dich. Das Dir am Donnerstag geholfen werden kann. Lg Andrea

Gabi: OP ist abgesagt Christensen will nicht das ich Operiert werde. Er sagt das ich die Narkose nicht vertragen würde. Er fühlt sich übergangen. Er sagt das die Gefahr zu groß ist das ich mir Corona dort hole. Termin für OP-Uhrzeit alles stand schon fest der Lungenarzt und der Thorax Chirurg sagten das man das gut machen kann. Dann war ich schon zu Hause und die Ärzte haben mit Christensen gesprochen das sie auch nochmal Histologie machen falls das jetzt noch ein anderer Krebs ist. Das hat er auf stur gemacht aber er hat als mein Onkologe zu Bestimmen ob es sich lohnt so eine OP durchzuführen oder ob er meint, dass es kein Nutzen mehr bringt. Habe mit ihm noch persönlich gesprochen aber seine Meinung steht fest. Jetzt wollen sie Ambulant unter örtlicher Betäubung operieren…

Liebe Gabi, ojemine das ist ja schrecklich. Da fühlt sich Herr Christensen wieder einmal total übergangen. Ich verstehe einfach nicht, warum er solche Macht hat. Das glaube ich Dir so sehr, dass es einfach deprimierend ist. Ich möchte Dich so gerne trösten. Dieses ambulante Operieren., wann und wo und von wem soll es denn gemacht werden? Ich umarme Dich liebe Gabi.

Gabi: Termin bekomme ich erst diese Woche. Das macht der Thorax Chirurg der mich auch Operieren wollte. Morgen ist nochmal mit allen Ärzten Tumorbesprechung.

Liebe Gabi, ich drücke Dich ganz dolle, vielleicht können die anderen Ärzte bei der Tumorkonferenz ihn ja noch einmal umstimmen. Ich bete heute Nacht für Dich und dass eine gute und verträgliche Lösung gefunden wird. Liebe Grüße Andrea

Gabi : Dankeschön

Bitteschön liebe Gabi, ich glaube ganz fest daran, alles wird gut.

Gabi: Du kannst das gerne Sabine und wenn du Hilde siehst erzählen sie haben mir so lieb geschrieben

Liebe Gabi, das ist gut, wenn ich den beiden das erzählen kann. Die beiden sind sehr liebe Menschen.

Schreibe mir bitte, wenn ich Dir irgendwas Gutes tun kann. Ich habe Dich ganz doll lieb.

5.Januar 2021

Liebe Gabi, ich wünsche Dir von ganzem Herzen einen schönen Abend. Ich habe heute den ganzen Tag an Dich gedacht. Sabine und Hilde wissen Bescheid. Ich hoffe, dass was Gutes für Dich bei der Tumorkonferenz rausgekommen ist.

Liebe Gabi, ich habe hier mal ein paar Seiten aus dem Buch Gesundheit aus der Apotheke Gottes abfotografiert. Lieber Gruß Andrea

Gabi: Hallo meine liebe Andrea. Natürlich hat sich heute niemand von den Ärzten bei mir gemeldet. So kennt man das ja. Muss ich Morgen erst wieder nochmal nachhaken.

Aber ich hatte heute eine große Überraschung ich habe ein Päckchen aus Wustrau erhalten vielen lieben Dank habe mich sehr darüber gefreut. Es ist gut zu wissen das so viele Menschen an einem Denken. Eine dicke Umarmung liebe Grüße auch an Karsten.

Sehr schön, dass es euch gibt. Liebe Grüße auch von meiner Familie an euch.

Hallo meine liebe Gabi, das habe ich gerne gemacht. Wir freuen uns sehr, dass Du Dich gefreut hast.

Das war ja mal wieder klar, dass keiner anruft. Ich drücke Dir für morgen die Daumen, dass Du morgen Jemand an das Telefon bekommst. Ein lieben Gruß Andrea und Karsten Wir wünschen Euch einen schönen Abend.

7.Januar 2021

Gabi: Hallo meine liebe Andrea bin wieder zu Hause. OP gut überstanden. Leider habe ich nicht viel Erleichterung der Arzt sagt mein Lungengewebe ist schon so angegriffen. Also bin ich jetzt Austherapiert man kann nur noch Erleichterung schaffen. Jetzt muss ich das Beste draus machen. Eine dicke Umarmung Gabi

Hallo meine liebe Gabi, ich drücke Dich ganz dolle. Gut, dass Du die OP gut überstanden hast. Ich wünsche Dir von ganzem Herzen, dass es vielleicht doch noch Erleichterung für Dich gibt, wenn das Lungenwasser abläuft über die Drainage. Ich wünsche Dir alles Liebe und Gute Du Liebe. Ich habe Dich lieb.

9.Januar 2021

Guten Morgen liebe Gabi, ich wünsche Dir ein schönes Wochenende. Ich hoffe sehr, dass es Dir etwas besser geht. Ich denke ganz viel an Dich. Leider ist heute Nacht meine Sylke gestorben. Es ist so traurig. ☹️☹️☹️

Das tut mir sehr leid. Bin in Gedanken bei dir und nehme dich ganz fest in den Arm.

Luftnot ist nicht viel besser aber die Wunde heilt glaube ich. Nächste Woche kommt mein Rollstuhl dann kann ich wieder mal an die frische Luft. Wünsche dir und Karsten ein schönes Wochenende 🖤🖤

Liebe Gabi, vielen lieben Dank für Deine Worte. Ich nehme dich auch ganz fest in die Arme. 🍀Es ist sehr gut, dass nächste Woche der Rollstuhl kommt. Da kannst Du endlich mal wieder an die frische Luft. 🍀Wir wünschen Euch auch ein schönes Wochenende.

10.Januar 2021

Dieses Foto ist von uns beiden vor 3 Jahren. 🍀 🍀 Heute habe ich Gabi ein Foto von uns beiden gesendet. Auf dem Foto sind wir beide abgebildet, voller Freude, Hoffnung und Zuversicht. Wir sind am 10.Januar vor 3 Jahren entlang der Seepromenade von Neuruppin gelaufen. Wir waren so frei und unbeschwert. Es waren sehr glückliche Stunden miteinander. Ich kann mich noch sehr gut an diesen Nachmittag mit ihr erinnern. Wir waren dann auch noch in Gerdas Cupcake und haben uns mit einer schönen heißen Suppe gestärkt. Das waren ganz besondere Momente, die wir zusammen hatten.

11.Januar 2021

Liebe Gabi ich denke den ganzen Tag an Dich und schicke Dir ganz viel positive Energie und Kraft.

12.01.2021

Ich habe ihr heute den kleinen Yogi gesendet. Da stand heute folgender Spruch:

„Und dann wünsche ich Dir noch das Dein Herz immer lauter ist als Dein Kopf"

Hallo meine liebe Andrea

Schön, dass du immer an mich denkst. Eine dicke Umarmung 🍀🎩🫂

13.01.2021

Liebe Gabi, ganz viele liebe Grüße für Dich von Andrea und Karsten.

Dankeschön 🤍

15.01.2021

Ich wünsche Dir einen wunderschönen Tag.

16.01.2021

Ich wünsche Dir ein schönes Wochenende.

18.01.2021

Wünsche Dir einen schönen Tag. Deine Gabi

Liebe Gabi, ich wünsche Dir auch einen schönen Tag.

21.01.2021

Ich wünsche Dir einen schönen Abend. Heute habe ich ein Foto mitgeschickt auf dem Ruth, Gabi und Regina auf unserer Brücke am Ruppiner See in Wustrau abgebildet sind. Das ist eine sehr schöne Erinnerung.

24.01.2021

Gabi: Ich habe die beste Familie der Welt.

Liebe Gabi, ja das stimmt so sehr, Du hast die beste Familie der Welt. Ich wünsche Dir und Deiner Familie von ganzem Herzen einen schönen Sonntag.

Bitteschön liebe Gabi.

26.01.2021

Liebe Gabi, wir denken ganz viel an Dich und hoffen sehr, das es Dir besser geht.

Gabi: Liebe Andrea leider geht es mir nicht gut. Aber ich habe eine liebe Familie die mich auf meinen letzten Weg begleiten. Meine Schwester hat sich krankschreiben lassen und ist jeden Tag bei mir. Meine Tochter ist jeden Tag da. Ich bin Dankbar das ich so eine Familie habe. Würde dir gerne etwas Besseres schreiben aber ich glaube wir kennen uns so lange das ich ehrlich sein kann. Danke für die schöne Zeit die wir zusammen hatten. Hab dich lieb. Können gerne so lange es geht schreiben. Telefonieren und Reden geht schlecht wegen Luftnot. Eine dicke Umarmung deine Gabi

♥Liebe Gabi, ich drücke Dich ganz dolle. Ich danke Dir für Deine Ehrlichkeit. Ich danke dir auch für unsere vielen gemeinsamen Stunden und Erinnerungen die wir haben. Sie kann uns keiner mehr nehmen. Ich werde Dir so lange es geht noch schreiben. Du bist ein wundervoller Mensch. Ich werde Dich nie vergessen. Es ist gut, dass Du eine tolle Familie um Dich rumhast. Sie sind ganz wunderbar. Ich bete für Dich und ich glaube daran, dass wir uns einmal wiedersehen. Und dann singen wir alle gemeinsam das Lied: Wechselnde Pfade, Schatten und Licht. Alles ist Gnade fürchte Dich nicht. Liebe Grüße von Andrea und Karsten. Bitte sage Stefanie, dass sie sich jederzeit gerne an mich wenden kann, wenn sie mal reden möchte. Und natürlich auch Jackie.

Ich habe ich Dich sehr lieb. 🫂

Liebe Gabi, ich denke ganz viel an Dich und wünsche Dir eine Gute Nacht. Das Foto habe ich vor 2 Jahren fotografiert. Ich denke sehr oft an die schönen Momente und Stunden, die wir miteinander verbracht haben. Lg Andrea 🍀👍🫂

Liebe Gabi, das waren noch schöne Zeiten. Ich wünsche Dir einen schönen Tag. 🍀🍀

Gabi König: Dankeschön meine liebe Andrea. Ich vermisse dich auch. Hab dich lieb. ✨

Bitteschön liebe Gabi, ich freue mich riesig. Fühle Dich lieb gedrückt.

Von Ruth und Klaus soll ich Dich auch ganz lieb Grüßen. Sie haben mich heute beide angerufen.

Gabi König: Liebe Grüße zurück

28.01.2021

Viele liebe Grüße und alles Gute von Sabine und mir für Dich. 🍀🙏👍💕

Liebe Gabi, ich wünsche Dir einen schönen Tag. 💕🍀🙏 Glg Andrea

29.01.2021

Heute vor 2 Jahren sind wir beide in Berlin zum Kennenlernen fürs Pilgern gewesen. Wir beiden sind damals mit dem Regio nach Berlin Friedrichshagen gefahren. Dort haben wir uns mit unserer Pilgergruppe zum ersten Mal getroffen. Das war der Anfang einer großen Leidenschaft und Liebe zum Pilgern. Wir trafen dort auf sehr viele tolle Menschen. Unter anderem auch Mitglieder der Jakobusgesellschaft. Das ist eine schöne Erinnerung an die ich immer gerne zurückdenke. 🍀💕

02.02.2021

Heute habe ich Gabi besucht und ihr die letzte Ehre erwiesen. Ich bin so glücklich, dass ich mich von ihr verabschieden konnte. Wir haben uns beide recht intensiv unterhalten und ich habe ihre Hand gehalten. Auch haben wir uns Fotos von unseren Aktivitäten angesehen. Es tat ihr gut sich mit ein paar Fotos an unsere schöne Pilgerwanderung und auch an das Rudern gegen Krebs zu erinnern. Wir haben beide gemeinsam so viel erlebt.

03.02.21

Liebe Gabi, ich wünsche Dir einen wunderschönen Tag.

Liebe Gabi, ich bin so glücklich und dankbar zugleich, dass ich gestern bei Dir sein konnte. LG ANDREA UND KARSTEN 🍀🫂😊🙏

04.02.2021

Liebe Gabi, ich wünsche Dir einen schönen Nachmittag und Abend. Ich bin vorhin mit Sabine aus Fehrbellin spazieren gewesen. Sie richtet Dir ganz liebe Grüße aus.

05.02.2021 Guten Morgen liebe Gabi, ich wünsche Dir einen wunderschönen Tag. 🍀🫂

09.02.2021

Wir grüßen Dich aus Wustrau und wünschen Dir einen wunderschönen Tag.

10.02.2021

Liebe Gabi, ich habe gerade eine kleine Runde durchs Dorf gemacht. Ich habe Ursel G. getroffen. Ganz liebe Grüße von ihr für Dich. 🍀 🐭⛄

13.02.2021

Wir wünschen Euch ein schönes Wochenende.

16.02.2021

Leider habe ich davon erfahren, dass Gabi gestorben ist. Es tut mir so unendlich leid. Sie war eine ganz tolle Freundin. Ich werde sie schmerzlich vermissen.

Liebe Familie von Gabi, wir wünschen Euch unser herzliches Beileid. Komme gut über die Regenbogenbrücke. RIP. ☹️🌈

Ich bin dann auch zu ihrer Beisetzung auf dem Neuruppiner Friedhof gewesen.

Liebe Gabi, Du fehlst. In stiller Trauer.

Meine Teilnahme am Lehrgang an der Kreisvolkshochschule in Neuruppin:

„Essen ist Genuss – auch im Alter"
Handout zur Online-Veranstaltung der Verbraucherzentrale Brandenburg e.V.

Ernährung und Bewegung beeinflussen die Lebensqualität. Es ist daher wichtig, dass Sie Ihren Körper ausreichend mit Vitaminen und Mineralstoffen versorgen. Gleichzeitig verbraucht Ihr Körper im Alter jedoch weniger Energie. Essen Sie daher ausreichend Lebensmittel, die Vitamin D, Folsäure und B 12 enthalten. Wichtige Mineralstoffe sind Calcium und Jod; aber auch Ballaststoffe.

Trinken ist das A und O -täglich mindestens 1,5 l

Ausreichendes **Trinken** ist lebensnotwendig. Wasser erfüllt im Körper viele Funktionen. Es ist Bestandteil von Zellen und Körperflüssigkeiten, reguliert die Körpertemperatur und transportiert Nährstoffe. Nur wer regelmäßig trinkt, kann den Flüssigkeitsverlust gut ausgleichen.

Ideale Durstlöscher und Flüssigkeitslieferanten sind Wasser, ungezuckerte Kräuter- und Früchtetees.

Als Durstlöscher ungeeignet sind Limonaden, Cola- und Fruchtsaftgetränke, Brausen, Nektare, Obstsäfte, Eistees oder Milchmischgetränke (wie Eiskaffee). Sie enthalten viel Zucker und liefern damit viele Kalorien.

Ein **Trinkplan** kann Ihnen dabei helfen, über den Tag verteilt ausreichend zu trinken.

GEMÜSE UND OBST – 5-MAL AM TAG, SAISONAL UND REGIONAL

Gemüse und Obst sind nicht nur schmackhaft, sondern enthalten auch viele lebenswichtige Vitamine, Mineralstoffe und sekundäre Pflanzenstoffe.

Täglich sollten Sie drei Portionen Gemüse (circa 400 Gramm) und zwei Portionen Obst (circa 250 Gramm) essen. Saisonale und regionale Angebote sind die bessere Wahl.

NAHRUNGSERGÄNZUNGSMITTEL – HÄUFIG ÜBERFLÜSSIG

Senioren nehmen sie häufig in Form von Pillen und Pülverchen ein. Die Werbeaussagen klingen viel versprechend, **aber sind sie auch wahr?**

GETREIDE UND GETREIDEPRODUKTE – AM BESTEN AUS VOLLKORN

Getreideprodukte liefern Energie aus Kohlenhydraten, B-Vitaminen und Mineralstoffen. Als Vollkornvariante sättigen Brot, Reis und Nudeln gut. Sie halten den Blutzuckerspiegel in der Waage und bringen den Darm in Schwung.

MILCH- UND MILCHPRODUKTE – BESSER FETTARME VARIANTEN

Trinken Sie Milch oder essen Sie Milchprodukte wie Joghurt und Käse täglich. **Milch und Milchprodukte** liefern Protein, Vitamin B_2 und Calcium. Außerdem unterstützen sie die Knochengesundheit und können das Risiko für Dickdarmkrebs verringern.

FLEISCH UND WURST – WENIGER IST MEHR

Fleisch enthält wichtige Nährstoffe wie Eisen, Selen, Zink und Vitamin B_{12}. Gleichzeitig stecken in Fleisch auch ungünstige Inhaltsstoffe wie gesättigte Fettsäuren, Purine und Cholesterin.

Für die Versorgung mit lebenswichtigen Nährstoffen reicht eine wöchentliche Menge an Fleisch und Wurst von **insgesamt 300 Gramm – 600 Gramm** aus. Bewusster **Fleischeinkauf** bringt mehr Qualität auf den Teller und ist gut für Tiere und Umwelt.

SALZ IN LEBENSMITTELN – SPARSAMER KONSUM IST GUT FÜR DIE GESUNDHEIT

Achten Sie insbesondere bei verarbeiteten Produkten auf den Salzgehalt. Denn ein Zuviel an Salz kann sich negativ auf ihre Gesundheit auswirken.

FISCH EIN- BIS ZWEIMAL PRO WOCHE ESSEN

Seefisch versorgt Sie mit Jod. Fettreicher Fisch wiederum enthält wertvolle Omega-3-Fettsäuren, die sich positiv auf die Gesundheit des Herz-Kreislauf-Systems auswirken und das Risiko für Schlaganfälle vermindern können.

Auch im Hinblick auf die Nachhaltigkeit sind ein bis zwei Portionen pro Woche akzeptabel. Wählen Sie **Fisch** aus nachhaltiger Fischerei bzw. nachhaltig betriebenen Aquakulturen.

AB UND ZU EIER
Eier sind eine gute Quelle für hochwertiges Protein sowie einer Reihe von lebensnotwendigen Nährstoffen (wie fettlösliche Vitamine). Auch beim Kauf von Eiern gibt es vieles zu beachten:

FETTE UND ÖLE
Nach den Empfehlungen der Deutschen Gesellschaft für Ernährung sollten wir täglich nur 30 Prozent der Gesamtenergie durch Fett zu uns nehmen. Das sind bei leichter Tätigkeit und einem Bedarf von 1800 kcal pro Tag nur 58 Gramm. **Verwenden Sie daher Fette und Öle beim Kochen nur sparsam.**

EXTRAS IN MAßEN – GENIEßEN UND NASCHEN IST ERLAUBT
Nehmen Sie maximal 10 Prozent Ihres täglichen Kalorienbedarfs mit Extras wie Süßigkeiten, Gebäck, Pommes, süße und/oder alkoholhaltige Getränke auf. Viele dieser Lebensmittel enthalten eine Menge versteckter Fette und Zucker. Ein Blick aufs Etikett hilft Ihnen, Fett- und Zuckerfallen zu entlarven.

Unter folgenden Links und Accounts könnt Ihr mich im Netz finden.

Meinen Blog: www.andrea-v.de

_____

_____meinlebenmitbrustkrebs.blogspot.com

Meine E-Mail- Anschrift für Euch:

andreavvoss@web.de

info@andrea-v.de

Facebook:
facebook.com/andreavvoss@web.de

Twitter: @AndreaVo3

Unsere Fewo: www.ferienwohnung-am-schloss-wustrau.de

Der Code vom ersten Buch: Mein Leben mit Brustkrebs und wie ich das positive Denken erlernte:

 Link zu Google Books:

Nachwort

Vielen Dank an alle Leser und Leserinnen meiner Bücher. Ich würde mich sehr über weitere Rezensionen freuen. Nur dadurch ist es möglich, dass ich mich weiterentwickele.

Ich werde im nächsten Jahr eine Fortsetzung meiner Geschichte schreiben.

Also denkt alle daran:

Das Leben kann auch mit einer Krankheit schön sein. Ich genieße mein Leben. Jeder Tag ist ein neuer Tag, der schönste meines Lebens zu werden. Jeder Tag ist ein Geschenk.

Andrea Voß im Juni 2021

TWENTYSIX
Eine Marke der Books on Demand GmbH
Herstellung und Verlag
BoD – Books on Demand, Norderstedt

1.Auflage September 2021

© 2021 Voß, Andrea

ISBN: 9783740784300